机关支部党建

36 问

张 建 / 编著

人民出版社

写在前面的话

　　这几年，我受邀到 200 多个部门、单位交流"机关支部党建的思考与实践"，反响强烈。讲座之所以受欢迎，我想原因有三：一是全面从严治党的大形势，各级党组织开始高度重视党的建设，而支部党建是党建的基础和重要内容；二是物以稀为"贵"，机关支部党建相对是"小党建"，很少有人讲；三是我们支部的故事是真实而丰富的，大家爱听，能引发同志们的共鸣。在诸多听众的不断要求下，在人民出版社的鼎力支持下，本书得以问世，以期能够成为机关支部党建实践与思考的铺路之石。

　　工作了 40 多年，当了十几年的党委书记和支部书记，如果说有什么感悟的话，那就是我越来越认识到，参与党建的过程，其实就是做好我自己的过程。不单是党建工作，做任何事情都是在做人，就是做自己应该做的事，做好应该做的事。我想这就是做人之道，就是"初心"，就是"知行合一"。用于党的建设上，就是中国共产党之道，这个道，就是全心全意为人民服务，我和我的同志们认同这个宗旨，并努力遵循和践行之。

感谢所有给予我们支部党建关心和指导的同志们。中央国家机关工委张璐等同志在推广支部工作法过程中给予我们重要的指导，并给予我们支部党建高度关注和支持，在此表示衷心的感谢和深深的敬意！

是为共享。

张建

2017 年 3 月

目　录

目 录

NO.1

机关党建很重要吗？

在心里回答

一次我们机关召开支部书记学习会，一位司长、支部书记跟我叨叨："这么忙了添什么乱嘛！"我问："添什么乱啦？"他说："我手上一堆急件要处理，非要我来开这个会，不来不行还要签到。"当时我就想，添什么"乱"呢？组织支部书记学习是添"乱"吗？类似这样的话一般听不到，但我们在机关党建的活动中不时能看到这种情形。

2010年，我参加中央国家机关司局长自主选学，我选了两个专题，一个是"中华传统文化"，多达200人，热烈得很；另一个是"党的建设"，结果不足30人，冷清得很。当时我就想，如果我们的党建是这样，恐怕有问题，如果中央国家机关的党建是这样，就不是小问题。

机关是党员比较集中、领导干部比较集中、权力和责任比较集中的部门，是各地各级党委和政府的指挥中枢，它的位置特殊、地位重要。党的十八大代表共 2268 人，其中中央机关的代表就有 300 多人，加上各级各地的机关代表，都是领导机关的负责同志，也都是机关支部的成员，可见作为执政党的机关党建是多么重要。各级机关既是党和国家政策的制定者、执行者，同时还是党和政府与人民群众联系的纽带和桥梁，在党和政府制定国家大政方针、推进落实经济社会科学发展战略方面发挥着极其重要作用。

机关党建有一个问题，被称作"灯下黑"。据说，某部委在一次以司局长为对象的小测验中，许多人对党建工作应知应会的一些简单问题都答不上来，比如什么是"四个全面"战略布局、"五大发展"理念，什么是"三严三实""四种意识"，什么是监督执纪"四种形态""三会一课"制度等，答对率只有三分之一左右。还有"你是什么时候入党的""党费是按月、按季，还是按年交纳"等问题，都记不清楚。作为中央国家机关的司局长，也都是党支部书记，党的意识应该比较强，记性应该也不错，况且这些内容还是司局长们大会小会经常说的。可见说起来是一回事，实际做起来又是另一回事。这些年，中央巡视组在对被巡视单位反馈意见的时候，都指出了在机关党建过程中普遍存在党的意识不强、党的基层组织建设薄弱、从严治党不力等问题，这不能不引起我们的重视。

空气与灵魂

既然机关党建非常重要，为什么又不被重视呢？我这里说的是真重视，不是假重视。有人说不重视是因为看不见。我们考察一名干部，评价一个单位，主要就是看那些能看得见的东西，比如看业绩，因为业务工作任务指标很明确，很容易考核。党建呢，虽然很重要，但是看不见，没有明确的考核指标体系，又很难量化，所以就容易被忽视，要到问题严重了才看得见。这让我想起了两样很重要但是看不见的东西，一样是空气，空气很重要，我们须臾不能离开，但是看不见。在北京工作生活的同志对此感受很深，浓重的雾霾天气让人难以忍受，随着 $PM_{2.5}$ 指标的出现，让我们看到了空气。还有一样也是很重要却看不见的东西，那就是灵魂。这些年我们看到一些人模人样的"两面人"，表面光鲜得很，但是没有了灵魂，或者叫做"死魂灵"。当他们的罪行暴露在阳光之下，让我们看到的是丑恶的灵魂。

其实，重要的东西都是可以看见或感知的，只是司空见惯或麻木不仁就视而不见了。有一次我和一位来自西藏的朋友在北京街头，这时西藏那边打来电话问我天气怎么样，我说是晴天，结果身边的西藏朋友纠正我说是阴天。一样的天气为什么两样的判断？原来是我的标准太低了，在北京只要能看到日头都可以算晴天，我想起西藏那湛蓝明媚的天空，真的不是其他地方能比的，看来重要的东西都能看得见。

党建能看得见吗？我的回答是肯定的。过去缺乏经验，确实很难一眼就能看见，这些年见得多了，感觉一眼就能看得出来。一个单位、部门的党建怎么样，你只要跟其中的党员有所接触，看看他们的精神面貌，就可以得出八九不离十的判断。如果是面向社会大众服务的窗口部门或单位，从他们的办事态度、办事风格、办事效率更容易看出它的党建状况，所谓窥一斑见全豹。全息理论也告诉我们，只要获取对象的局部，就可以得知整体，大家不妨试试，很准的。

党支部是党的基层组织，是党的肌体的"细胞"。这些年普遍存在的基层党组织建设薄弱的问题，已经影响到了党的肌体的健康，中央国家机关也不例外。如何加强机关支部党的建设，是实施全面从严治党需要解决的基本问题和重要问题，只有真正从中央到地方各级机关切实重视起来，机关支部党建才能做好，机关的党支部才能建设成为坚强的战斗堡垒，发挥应有的积极作用。

"高层"党组织

全国有 400 多万个党支部，一个对于 400 万来说，真是九牛一毛，但是中央国家机关的党支部，却有着不一样的特殊性。我们说农村的党支部关系到一个村，企业的党支部关系到一个车间，高校的党支部一般就一个班，部队的党支部就一个连队，社区的党支部就一个社区，我们可以把它看成一个点，好赖影响不算大。但是，中央国家机关的党支部仅仅是一个点吗？虽然它也叫基层党组织，但是它影响的一定是一个面，关系到全行业或全国某项工作的大局。

中央国家机关的党支部，绝大多数都是好的和比较好的，多年来为我国的经济发展和社会进步发挥了重要作用，做出了重要贡献。但也有极少数出了问题，国家机关的党支部一旦出现问题，那它关系的可不是一个司局。我知道有这样的支部，因为支部书记出了问题，带坏了整个支部，产生了严重的问题，导致的后果是对党和人民的事业产生了难以消除的负面影响，可见国家机关的支部不是一般的基层党组织。我们的党员县长、党员市长、党员省长到党员部长都在机关里的一个支部里参加组织生活，这样的支部虽然也叫基层党组织，已然可以叫做"高层"党支部了。认识到这一点，可以让我们机关的书记和党员们时刻牢记自己的职责，确保支部党建抓紧抓好不出问题。

[链接]

一个支部就是一个标杆[*]

机关支部党建很重要吗？我的回答是：重要，非常重要；尤其是对于中央国家机关的支部来说，不仅重要，而且是非常非常重要。这里仅举我们支部开展"关爱女孩行动"的一个小例子。

大家都知道，我国的出生人口性别比长期偏高，最高时达 122，即一年间每出生 100 个女婴的同时，出生了 122 个男婴，造成了潜在的社会问题。出生性别比偏离正常轨道，主要原因是"重男轻女"的生育观造成的，为了综合治理出生人口性别比工作，我们开展了"关爱女孩行动"项目。

2010 年，全国综合治理出生人口性别比工作会议在合肥召开，我们决定在这次会议中设置一个"关爱女孩林"现场，支部全体党员与当地贫困女孩结对资助上学，和女孩共同栽种一棵小树，象征女孩与小树共同成长。这个提议得到时任国家人口计生委主任李斌同志、副主任崔丽同志的支持，得到会议所在地人口计生委相关领导的响应，他们也积极参与到活动中来，并认领了被资助女孩。活动现场，我们与 20 多个被资助

---

* 作者施春景，国家卫生计生委家庭司原巡视员。

女孩一起种树、浇水，来自全国各地的同志们被这一行动所感染，纷纷表示回去以后也要深入推进关爱女孩行动。

以后几年，我们支部每年"六一"儿童节前后都派代表送去党员们的资助款和学习用品。不仅如此，支部中还有像施春景、杨志媛、罗迈等许多党员都长年资助西部贫困女孩，第二党小组还集体资助了两名北京女孩直到考上大学参加了工作。为了倡导推进关爱女孩行动，我们还请人设计了关爱女孩行动标识，供全国开展活动时使用。

只要我们打开大旗，必有人站在旗下。一个国家机关党支部的行为就像一个标杆，带动了全国关爱女孩行动如火如荼地开展起来，各地在活动中涌现出许许多多的感人故事。我们借着这个东风又开展了推选"全国十大关爱女孩行动新闻人物"活动，许多社会知名人士、企业家和实际工作者都榜上有名。

"十二五"期间，我国实现了出生人口性别比连续5年的不断下降，很好地完成了党和国家赋予我们的重任。诚然，这是全国各级各地各部门共同努力的结果，但是，作为此项工作的具体责任单位，我们国家人口计生委宣教司不辱使命，无愧于自己的责任担当，这中间宣教司党支部无疑起到了至关重要的引领作用。

一个中央国家机关党支部看似只是一个点，可它工作的好坏关系到一个系统甚或全国某项工作的大局。你能说一个国家机关支部的党建不重要吗？

NO.2

我为什么要抓支部党建？

不二选择

有一年，上级党组织到我们司调研支部党建，有人问了我一个问题："你为什么要抓党建？"我想了想说："没有办法呀。"什么叫没有办法？我说我们司承担的任务很重，但是我不行，我个人的能力水平不行。我们有六大任务：社会动员、新闻宣传、高层倡导、婚育新风进万家活动、新农村新家庭计划、关爱女孩行动，每一项工作要做好都不容易。单说其中的综合治理出生人口性别比一项工作，我们司里同志全扑上去恐怕都不行。从 1982 年全国第三次人口普查开始，我国的出生人口性别比就偏离正常值开始升高，随后一路攀升最高达 122，即一年间每出生 100 个女婴的同时，出生了 122 个男婴，30 多年累积多出了大约 3000 万的男性，已经成为影响人口结构的主要因素。平时我们听到的好像是"剩女"多，这是因为大量的"剩男"都在偏远穷困的农村，属于弱势群体，没有多少话语权，一般听不到他们的声音，其实这是一个很严重的社会问题，做好这项工作，要靠全社会的力量综合治理才行，可见我们一个司的工作难度有多大。

如果我能行，我个人的水平能力很高很强，那我一个人就干了，或者我很厉害，大家都听我的，那就用不着搞党建了。但是我不行，要完成繁重的工作任务，只有调动全司同志的积极性和创造性，大家一起齐心协力才能干好。

任何一个下属，都希望自己的领导能为自己带来一些好处，每一位领导也都应该解决下属的实际问题。我能给他们什么呢？一给不了钱，二给不了官，虽然大家嘴上不会说，但我心里很有压力。怎么才能发挥党员干部的积极性和创造性做好工作呢？

前些时候我又到了古田会议旧址，重温了当年的情景，深感毛泽东同志当年的党建是逼出来的。当时党内错误思想弥漫，毛泽东同志在《关于纠正党内的错误思想》中指出的第一条，就是单纯军事观点，以为能打仗就是一切，就像今天的"GDP主义"一样，还有形形色色的错误思想，再不抓思想建党，我们的军队就迷失了方向，革命事业就会危殆。通过抓党的建设，支部建在连上，把军队重新置于党的绝对领导下重返了正确之路。我们这些年的情形很像当年，包括《古田会议决议》中对红军医院的描述，都跟今天很像。正是思想建党、政治建军，挽救了革命、挽救了军队，成为我们党宝贵的财富。

我们今天开始的全面从严治党，就像古田会议一样，具有很重要的意义。其实一个党是这样，一个单位、一个部门也是一样，我对支部党建的体会就是这样。

营造好环境

有人问我，为什么要抓支部党建？我说，就为营造一个好环境。

说到环境，分为自然环境和社会环境。按最新的对社会环境的定义："每个人都是他人环境的一部分。"我能营造的环境，主要就是宣教司的环境，包括我的个人环境和司里同志们的环境。

营造环境，其实就是创造宣教司的"小气候"，这个环境和"小气候"，全司每个人每天都要接触，每天身在其中，如果这个小气候不好、小环境不好，那我们每天说的做的，我们的工作、学习、生活都会受到不良影响，对身心不利，于工作无补。

什么是好环境？和谐、愉快、共享，有利于个人成长和发展，有利于完成工作任务，其实就是一种主观感受。不搞党建，就没有好的环境吗？是的，如果不搞党建，肯定不会出现现在的局面。如果单就业务工作来说，在乎的是"数"是"物"不是人。而党建，在乎的是人，把人的精气神提起来，环境一好，其他就都好了。重物不重人，最后人的精气神没了，"物"和"数"也没了。人有了精神，就有了灵魂，就有了奋发进取的主动性和积极性，就有了一切。

[链接]

我内心的转变[*]

2006 年，张建同志调我们宣传教育司任司长，同时被选为支部书记。不久，他就提出了一项又一项支部党建的主张。我作为副司长、支部组织委员，当然采取了积极支持的态度。其实，如果我今天不说，谁都不会知道，当时我对他提出的支部党建还真不看好，因为多年来，我早就对"假大空"的政治学习厌烦了，觉得真是浪费时间。支持张建司长搞党建工作，不过是凭着自己的党性，履行副司长和支部委员的职责罢了。

时光日复一日，支部活动的品牌和形式越来越多，2006年，开始了每周一次的"我说时事"；2007 年，开始实行了"我来主持"；2008 年，开展了"读讲一本书"活动；2009 年，又推出了人人参与书写的《共享笔记》；2010 年，网上建立了"共享 e 站"等等。随着支部党建活动的不断深入，我发现，我们司同志们的精神面貌不一样了，年轻同志的语言表达能

---

* 作者施春景，国家卫生计生委家庭司原巡视员。

力、逻辑思维能力、综合协调能力都有了很大的提高，业务工作也开展得如火如荼，不断取得佳绩。

几年下来，全司每位同志的能力水平有了很大的提高，职务都有了提升，有的同志还提升了好几级。由于工作业绩突出，多人荣立了三等功，宣教司集体荣立了二等功。全司真正形成了一个既有民主又有集中，既有纪律又有自由，既有统一意志又有个人心情舒畅，既有利于个人进步又促进各项业务工作开展的政治局面。

原来党建工作还可以这样搞？原来党建工作还这样有魅力？我们支部党建杜绝了假话、大话、空话，实现了个人发展和事业成就的双丰收，我也从对支部党建不看好、内心抵触到积极参与乃至热心出谋划策，最终成为了我们支部党建工作的实践者、受益者和积极推动者。

NO.3
如何认识"两张皮"？

背后的"两张皮"

"两张皮"是机关党建普遍存在的一个问题，大家都有感觉。一般的说法是党建和业务"两张皮"，党建和业务各是各的。业务这张"皮"很硬，目标要求非常明确，考核业绩、使用干部唯此为重。党建这张"皮"很软，很难考核，这也是重业务轻党建的一个重要原因。

从我们支部的实际和我个人的体会，党建和业务的"两张皮"还只是表面的现象，其实在这种现象的后面，还有一个更重要的"两张皮"，那就是党建和党员的"两张皮"，脱离了党员的党建才是"两张皮"的真正原因。

这话怎么讲呢？因为业务是由具体的人来做的，所以业务这张"皮"的原因在人。如果我们的支部党建和每一个党员都有紧密的联系，就不会产生"两张皮"的现象。试问一下，我们对党员有很多很高很严的要求，这是应该的，也是必须的，但我们考虑过党员的需求吗？我在这几年 200 多场的交流报告中，每当问及有哪个支部专题研究过党员需求时，几乎都没有得到回应，这一现象值得我们反思。

在一次和党务干部的交流中，当我问到关于专题研究党员需求的问题时，《常熟日报》的一位同志站了起来，他说 2016 年他们在党员中进行过一次需求调查，许多需求比较分散，都不超过 10%，只有一项需求是共有的，达到了 60% 以上，就是希望加强培训提高党员的能力和水平。这个调查结果很有代表性。如果我们能够根据党员的需求，有针对性地开展支部党建，就一定不会出现"两张皮"的现象。抓住了这一点，就能在支部党建中找到克服"两张皮"症结的钥匙。消除了党员和党建的"两张皮"，党建和业务的"两张皮"自然就会消除，因为党员能力水平的提高和发展，会直接推进业务工作目标的完成和实现。有听说党建好业务不好的吗？没有听说。党建好就为做好业务工作提供了思想和组织的保证。倒是听到一些业务"红火"但是党建没搞好，最终走上邪路掉了下去的例子。业务是靠党员们来干的，抓住了激发党员积极性这个根本，把促进党员发展作为支部党建的理念和目标，何来"两张皮"呢？

正需求

什么是党员的需求？党员有什么需求？我这里说的党员需求是"正需求"，正面正当的需求。我们就拿普遍接受的马斯洛的"需求层次论"来说，这些需求都是正当的需求，我称它为"正需求"。最低一级的需求是生理方面的需求，就是我们说的吃饭穿衣的需求，这一需求好像现在不是问题了，我们党奋斗了近百年，大多都是为了解决这一问题的。有人问我，党领导人民闹革命建立新中国，最有号召力的一句口号是什么？他说是"打土豪，分田地"，我觉得有道理，你要不分田地，我打什么土豪呀，由此唤醒了工农千百万。改革开放初期，首先要解决的也是广大人民群众的温饱问题，也包括广大党员在内，由此赢得了人民的拥护，才有了今天的中国崛起。现在党员不跟我们要这个了，因为需求的层次提高了。其次是安全的需求，现在国家强大了，社会秩序也不错，机关里党员干部一般也不跟我们要这个了。再往上的需求是归属感，这绝对是正需求，你能满足他吗？我们的党员在一个组织内有归属感吗？就是我们说的凝聚力，如果党员没有归属感，或者说支部没有凝聚力，我要你这个党建有什么用呢？离心离德就要走人了。

再高一点的需求是价值体现，作为国家机关的党员公务员，我们个人的价值不以个人的财富论，党员公务员的价值是服务人民，增进社会福祉，党员的价值就体现在这方面的积极性、创造性以及工作业绩上。如果你不让他体现这个价值，或者不能提高党员体现价值的能力水平，不能促进党员的全面发展，你的这个党建跟我有什么关系呢？也是要离心离德走人的。

如果我们不考虑党员的这些需求，支部党建只能是无的放矢。这不是党员的觉悟低，而是支部党建的水平低。我们看到一些单位，不可谓事业不好，但是留不住人，事业留人留不住；一些单位不可谓待遇不高，但不值得人留恋，待遇留人也留不住。现在的情况不一样了，我们的党员已经不满足低层次的需求了。有一句话说是"价值观留人"，道不同不相为谋。我们若不考虑党员的需求，出现"两张皮"现象是必然的。

〔链接〕

党建，与我何干？*

《亮剑》里的李云龙有句著名论断：一个军队的气质取决于指挥官的气质。支部书记张建同志无论在司里研究布置工作，还是"走出去"与各部门联学联创，总有一系列的反问句。这种气质和气场也无时不在影响着我。比如："居安思危，

---

* 作者刘哲峰，国家卫生计生委宣传司新闻处处长。

何安之有？""党建难道就是我们假装优秀，你们假装表扬我们？""让年轻人上，有什么不可以放手？""党建没有魅力谁来跟你？""我是真的不行，我一个人能干成什么？"这一系列质疑、思辨、启迪的反问句，也带给宣教司党支部一种讲"大实话"、说"大白话"的风格。

有句话给我印象最深，"党建，与我何干？"当他说起这句话的时候，总是声音突然拔高，情感充盈，在几百人的会场里让人凛然一震。

2011年3月，我第一次参加宣教司学习例会，就听到他对同志们语重心长地讲："我们司里应该保持这个传统，司里的学习每个人要参与，每个人都要讲话。不然的话，总是只我一个人讲，累死也不行。你们在心底下肯定犯嘀咕，这党建与我何干呀？"这句话深深地打动了我，这位司长、党支部书记是在换位思考啊。一个支部书记是不是真的把党建当回事，要看你是不是真的从每一位支部成员的角度思考需求，这是第一步。

第二次听到"与我何干"，是宣教司与某国家部委的近百位党支部书记一起座谈时。不少书记都在讲话中抱怨"工学矛盾"难以处理，张建同志抓住机会提高音调讲："支部书记一忙就没时间搞党建，可以理解，但人家普通党员肯定在问，这党建与我何干呀？""谁说忙就不能搞党建？""要你支部书记干什么？""作为支部书记并没有给普通党员加薪、晋升的权力，但是可以给他们坚定信念、提升能力和拓展心胸的机会呀。"

就是这句反问——"党建，与我何干？"——张建同志多次在各种场合讲起，引起了很多支部书记的思考。大家在搞党建的时候，是不是要首先设想一下一般党员，尤其是那些青年党员，他们到底在想什么，到底需要什么，党建到底能给他们带来什么？

作为一名青年党员，在宣教司党支部多次与各部门联学联创的过程中，我自己的感受是，"信仰"固然来自内心的理性判断，更要靠"组织"的共性力量来不断坚定强化。党建的过程，就是支部书记和每一位党员寻找彼此的过程。党建，不能与工作实际脱离，不能与支部书记脱离，不能与活生生的个体脱离，不能与持之以恒坚持"共性"脱离。当一个组织活动里的每个党员都用实际行动和满腔热情投入其中时，党建就不会被理解成一场"秀"，就会成为吸引人的"魅力党建"和每个人都在使劲的"动车党建"。

NO.4
如何看待"工学矛盾"？

不制造矛盾

　　有一次我们支部和一些部委的支部书记司局长交流，由我主持。我们的几位党员分别汇报后，一位外部委的支部书记站起来问："请问你们有没有工学矛盾？是怎么解决的？"我说："您问谁呢？"他说："不问您，问你们小刘。"小刘想了想说："我们没有工学矛盾。""没有工学矛盾？张建您说说。"他让我回答。我说，小刘说没有就是没有，如果要我说，我们是不制造矛盾。这话又怎么讲呢？比如说，今天我们在这儿学习交流，小刘跟我说，小王他妈今天得急病住院了，小王还来了，我会把小王叫过来："你妈住院了，情况怎么样？赶快回去，家事为重。"这是我们常说的一句话，我很坚持这一条。又比如要开学习例会了，小张说："我手头有一个要紧的活儿还没有办完怎么办？"我会说："有急事赶快忙去，就别参加今天的学习活动了，急事为先。"这也是我们都认同的一句话。

如果有同志提出任何理由不想参加学习活动，我都会应允。除非个别特定的重大活动，我从来不勉强大家一定要硬性参加，基本是自愿的。有人说："那你们的人都不到半数了。"不到半数我们就不学了，如果业务忙就找不忙的时候学，我们的学习活动虽然是一周一次，但不搞一刀切，不搞雷打不动，不搞强迫签到。这就是我说的不制造矛盾。

"非常值得"

还有一位外部委的支部书记问小刘："你准备'我说时事'用了多少时间？"小刘说："开头压力比较大，我第一次大约用了两天，第二次一天就可以了，后来半天就可以了，其实平时经常思考，真正制作一两个小时就搞定了。""影响你的业务工作吗？你认为值得吗？"小刘说："值得。因为这样的学习是自己思考锻炼提高的好机会，认真准备展示自己也是和大家共享。"

党建活动肯定要占用一些时间，除了不和业务工作争抢时间，更重要的是，我们的学习活动都对党员提高能力水平有帮助，很多内容跟业务工作有直接联系，不仅工学没有矛盾，而且是相得益彰。我们的支部活动几年坚持下来，对提高党员的综合能力水平有好处，得到了大家的认同，支部的活动在大家心中的分量就重了，大家都尽可能安排好自己的工作，积极参加支部活动，有时有的同志还牺牲休息时间准备自己的讲演。有不愿意的吗？没有。假如有呢？好，我们假如一下吧，比如第一次我们和其他支部"联学联创"，我问小王："你愿意发个言吗？"小王表示不愿意，我就不勉强他了，小刘小张上台讲了，小王就少了一次锻炼展示的机会。第二次我又问小王："想讲吗？"假如他还是不愿意，我还是不勉强他，但是其他同志还是要讲的，小王又失去了一次锻炼展示的机会。第三次我再问小王："要讲吗？"他发现他不讲就吃亏了。因为人家都讲了两次了，再不抓住机会，他和其他同志的差距就大了。如果有要紧事不能参加活动那没办法，但少参加一次支部活动，就少了一次学习提高的机会，就少了一次锻炼展示的机会。我认定，每一次支部活动都会令参加的同志受益得好处。时间长了，效果还是相当明显的，多年的实践证实了这一点。

无缝融合

支部党建与业务工作紧密结合，我一直不觉得有什么问题。作为宣教司的党员干部，应该是全面发展的优秀的党员干部。支部的每一次学习活动都对提高党员的业务水平能力有帮助，比如"我说时事"，内容都会结合要闻大事，结合行业动向，结合工作重点。我们要求"我说时事"一定要联系工作和身边的实际，即使纯粹的政治学习，也都要结合个人和工作的实际。作为党员干部，除了要有基本全面的素质，还特别要求具备动员倡导的能力，所以我们对"说"的要求比较高、锻炼比较多。当然"听说读写练"也都是做好业务工作所必需的。

我认为，支部党建做好了，一定能推进业务工作做得更好。有人问我怎么理解支部党建是做好业务工作的保证。以一项我们的主要工作为例，综合治理出生人口性别比的任务非常明确也很艰巨，"十二五"期间我们实现了连续 5 年性别比不断下降，很好地完成了党和国家赋予我们的重任。可能有人会说，这和支部党建有什么关系？我会理直气壮地告诉他，这些年我们工作任务之所以做得好，这个功劳主要归功于支部党建。这一点人口计生系统的同志都可以证明，我们的工作规划得好，得益于支部的"零距离调研"。那几年全国出生人口性别比综合治理的会议开得那么好，是支部"精细化工作"的结果。包括机关工作办文办会办事，高素质的党员保证了高质量的工作，这是同行有目共睹的。我们依靠党员队伍不断提高的思想作风能力和业务水平，带动推动全局工作不断取得好成绩。如果不是党建，即使一时有业绩，没有了精气神，就不能长久持续地推动业务工作，这一点凡是接触过这项工作的同志都不难有体会。

NO.5
谁是支部党建的主体？

嘴上心里

主体就是事物的主要部分，主体与客体是相对而言的。用在人的方面，就是主角、主人，带有主动的意味而不是被动的。这是一个很重要的定位，定位不明确事情就办不好。毛泽东在《青年运动的方向》中指出："革命的主体是什么呢？是中国的老百姓。"那么全面建成小康社会的主体是什么呢？一定是全体中国人民，同样道理，机关党建、支部党建的主体一定是全体党员。

谁是支部党建的主体？我们会脱口而出：当然是党员呗。是的，很长时间我们都是这么说的，但心里是这么想的吗？如果是，为什么我们很难看到呢？关于党员是主体的问题，往往说起来不是问题，但做起来很有问题。有的领导跟我说，关于党员主体的问题，理论上说没有问题，但实际上很难做到。为什么呢？是不需要，还是不想做？

"动车"党建

1988 年，我当记者的时候做过一个《我国告别蒸汽机车时代》的报道。1988 年 12 月 20 日，我国最后一台蒸汽机车出厂下线，宣告我们告别了一个时代，短短几年，蒸汽机车就不见了，取代的是内燃机车、电力机车，后来又有了动车。什么是动车？动车是自身带有动力的车厢，25 万伏的高压通过线路传导到车厢产生动能，推着列车前进，而不再是被动地靠车头来带动，动车的车头其实就是一个驾驶室，主要管方向。我听到后很高兴，我就想当动车的车头。蒸汽机车不见了，靠车头添煤加水的时代过去了，如今时代不同了，党员就是动车，这样我们就可以带着干部群众一起高速前进，因此我提出了"动车党建"。

"动车党建"的想法，引发和确立了"党员是支部党建的主体"的思想理念。想办法让党员人人动起来，人人起来负责，创造一个人人尽展其才、人人皆可成才的环境，成为了我们支部建设的努力方向。几年下来，党员成长了，业务工作也做好了，我们都成为支部党建的探索者、实践者、贡献者和受益者。有关领导和专家在讨论时对这一提法也给予了充分肯定，他们说，我党现在已经是 8000 多万党员的大党，如果各个基层党组织都搞"动车党建"，党的两个 100 年目标肯定能够早日实现。

党员是主体

怎么才叫做"党员是主体"呢？我想主要有三条：

一是为了党员。作为党的基层组织，党支部特别是支部书记，必须把全体党员放在心上。机关党建中有两句话：服务中心、建设队伍。服务中心很明确，不会有歧义和误解。而建设队伍，不同的人会有不同的理解和做法。建设队伍就是我们一般说的带队伍。队伍怎么带呢？是书记一人说了算，把党员作为管理的对象，还是跟放羊似的，根本就不管？我理解，建设队伍就是首先为了党员。为了党员什么呢？就是为了促进党员的发展，这种发展是作为党员个人的全面发展，就是以人为本理念在支部党建中的体现。从大的方面来说，全面发展包括了人在生理、心理和社会各方面的发展，在一个支部里，既要促进党员的业务能力水平的提高，更要促进党员的思想政治能力水平的提高，这是建设队伍的重要出发点。

二是依靠党员。不仅完成任务要依靠党员，而且出主意想办法都要依靠党员。广大党员蕴藏着无限的积极性和创造性，就看我们怎么调动和发挥。如果我们能给党员提供有利于他们发挥和发展的机会，就可以通过支部党建锤炼出一支过硬的队伍，如果我们不能给党员创造一个全面发展的良好环境，那就失去了作为组织的意义。党的基本组织单位是党支部，党员就是基本成员、基本细胞、基本力量，不依靠党员就无从说起。

三是提高党员。让每一个党员都能成为合格的党员、优秀的党员，就要通过各种方法培养党员，全面提高党员。党员的综合能力提高了，作用就能得到发挥，使党员在思想水平、作风纪律、能力效率等方面都有明显提高，在促进党员个人发展、树立党员良好形象的同时，也推进我们的工作得到全面提升，积极的党建工作成效让党员满意，让组织满意，让人民满意。

〔链接〕

我们的法宝[*]

什么是"党员主体工作法"？这是宣教司党支部的一种理念，也是一种工作方法。那一年，我们的支部党建得到上级组织的肯定，需要摸索总结出一套科学的支部工作法。作为担任党支部组织委员的老同志，我主动承担了最初的提炼总结任务。

我们提出，党员是支部党建的主体。支部党建是一个共建共享的过程，必须充分发挥每一位党员的主观能动性。在这一思想指导下，宣教司支部坚持从每一位党员的成长和发展出发，充分听取党员意见，尊重党员主人翁地位，保障党员权

---

[*] 作者施春景，国家卫生计生委家庭司原巡视员。

益，实现了国家机关行政层级管理与党内民主的结合，使每一位党员都成为党建的实践者、受益者和推动者。

正是在"党员是主体"核心思想的指导下，我们支部一方面结合党员成长、成才的要求设计活动载体，搭建锻炼平台，通过丰富多彩、行之有效的活动，使党员干部坚定了理想信念、改进了工作作风、提升了综合素质、实现了全面发展；另一方面始终坚持围绕新时期中心工作培养锻炼干部，使提高党员素质与服务中心工作有机结合，有力地推动了各项业务工作的发展。

从中我体会到，党建工作要创新必须有一个先进的思想理念做引领，党员是支部党建的主体就是我们的核心理念；党建工作要持续发展必须有一套完备的制度做保障，不因领导的在与不在而改动，不因业务工作的忙与不忙而取消；党建工作要有生命力，必须充分调动青年党员的主观能动性，死读书、念报纸、讲大话空话的党建没有人喜欢；党建工作要见成效必须将提高党员素质与服务中心工作相结合，实现个人发展和事业成就的双丰收。

后来，我们支部党建的"党员主体工作法"在中央国家机关得到了推广。

NO.6
如何制定支部工作法?

"共建共享工作法"

2010 年 10 月,我们与中央一些部委的机关党委书记汇报交流,结束以后,中组部的同志对我说:"你们的活动很好,可以讨论提炼出支部工作法,提升支部党建科学化的水平。"听了这个建议,第二天,我们就请支部组织委员施春景同志牵头讨论落实,很快就制定出了我们的支部工作法,内容主要有5条:

"一个理念":党员是支部党建的主体。这是我们在党建活动中非常明确的共识,只有确立党员的主体地位,才能有意识地以党员需求、以提高党员综合素质为导向安排各种活动,充分调动全体同志的积极性,发挥机关基层党组织的战斗堡垒作用。

"两个目标":一个是服务中心工作,第二个是促进党员发展。这两条其实就是机关党建"服务中心、建设队伍"两大核心任务，但我们把建设队伍具体化为促进党员发展，党员素质提高了、能力增强了，才能造就一支过硬的队伍，确保服务中心的任务完成。两者相辅相成、相得益彰。

"三个公开"：司务公开、政务公开、党务公开。这是保证支部党风廉洁建设的必要措施，是实行党内民主的得力措施，也是支部党建接受党员监督的有效措施。

"四项制度"：一是组织制度，即完善支部、支委、书记、党员以及党小组等相关组织形式，并形成制度开展活动；二是学习制度，包括三会一课和多种多样的学习活动制度；三是廉洁制度，围绕党风廉洁建设开展一系列活动；四是精细化工作制度，在机关"三办一做"即办文、办会、办事和做人方面努力实现精细化。

"五种活动方式"：即听、说、读、写、练。这是机关干部人人都应具备的基本能力，把能力建设与党建工作紧密结合起来，具有很强的现实性和可操作性。

我们的支部工作法与日常工作联系紧密，这些内容简单好记，在处理日常事务中都能相互结合。因为我们支部是最早得到指点的，所以也成为中央国家机关第一批推出的有工作法的支部，并不断提升支部党建的水平，较早地进入了支部党建科学化的进程。

刚开始时，我们叫"一二三四五"工作法，听起来挺顺耳，但看不出我们工作法的内涵和特色，后来在工委领导和有关专家的指导下，经过多次评审，逐渐提炼日趋完善，最后定名为"共建共享工作法"，成为中央国家机关支部党建的品牌。

我自己在许多场合没有用"共建共享工作法"的提法，是因为我们支部工作法的要旨或者说精髓，是"党员主体"。我认为，党员是支部党建的主体是我们支部党建思想最重要的一条，以至在一些交流活动时我经常不自觉地把"共建共享工作法"说成了"党员主体工作法"，这个说法体现的是我们支部的党建思路，既是理念亦是目标，既是内容也是方法。

五要素工作法

在制定和实践支部工作法的过程中，我对支部工作法以及其他的工作法也做了一些思考和研究。工作法，就是我们做工作要遵循的一些法则，或者说是规则要求。支部党建和其他工作一样也是一项工作，也应该有一些要遵循的法则。如果没有，随意地、碎片化地开展工作，那只能叫应付，已经不能适应新时期党的建设发展的需要了，一个部门的业务工作都有规划规则，一个支部的党建工作怎么能没有呢？

支部党建工作法和其他工作的工作法一样，不能没有，但不能很复杂，也不用很复杂，只要能回答几个最基本的问题就可以了。什么是基本不可或缺的问题要素，我想了很长时间，最后归纳出几个基本要素，它不仅适用于支部党建也同样适用其他工作。几年时间里，我多次和有关同志请教讨论，最后总结出了一个"五要素工作法"，就是要做好我们的工作，不管是支部党建还是其他工作，都要回答这五个基本问题，多了不是不可以，但是这五条必不可少，即理念、目标、机制、内容、方法。

五要素工作法的第一个要素是理念，这是最重要也是必须首先要回答的问题，而很多时候这个问题都被人们忽略了。理念是我们做好工作的方向和灵魂，没有这一条，即使目标实现了，方向可能是错的，最终也不会有好的结果。许多时候由于缺少正确的理念，即使付出许多，甚至实现了一些小目标，但由于方向偏离，仍然不能到达胜利的彼岸。就像"卫星上天、红旗落地"一样，虽然看上去一个或几个业务指标实现了，可是最终失去的远大于得到的。这样的事例在我们周围看到的太多了。20多年前，我当记者时在山西看到一些地方不顾污染环境和人们的健康放任污染环境，我问当地领导，严重污染环境损害群众健康的项目为什么还要继续搞，他说为了经济发展，致富要紧。当时我在《生存面临选择》的述评中感慨，宁可污染环境损害健康也要实现经济目标，就是没有正确理念的指导，即使经济指标的目标实现了，长远看根本上也是错的。

支部党建首先需要确立理念，理念必须正确。这种理念的内容和表述必须和支部所在的工作性质和支部工作特点相适应，例如我们支部党建的理念，可以表述为"共建共享"，或者"党员主体",可以有不同的表述,但必须是大家共同认定的。大家在讨论的时候,提出过多种不同的理念,但时间和事实逐渐形成了大家的一致认识,最后确立的理念就是"党员主体"。其实"党员主体"的理念,包含了很多的内容,不仅是一种思想理念,也是党建工作的目标任务和方法,只有把党员真正作为党建的主体,才能实现为了党员、依靠党员、提高党员,真正使队伍充满生机活力,才能保证完成党交给的艰巨任务,并保证方向正确、方法科学。

五要素工作法的第二个要素是目标,它关系着奋斗的方向,明确要实现的目标任务。机关党建的两句话"服务中心、建设队伍",就是支部党建的目标任务,不过放到具体的某个支部,应该结合实际有所细化。我们的目标表述为"服务中心工作、促进党员发展",看起来和"服务中心、建设队伍"差不多,但是还是有区别的,在"服务中心"上大家不会有异议,但是对"建设队伍"的理解却各不相同。许多时候记住了前一句,忽略了后一句。服务中心是大家最在意的,至于建设队伍则各不相同。要完成繁重艰巨的任务,必须依靠全体党员和干部,就要建设一支素质高、业务精、能打硬仗的队伍。如果靠我个人的能力水平或者要让大家听我的,我做不到也不喜欢。要想建设好队伍,必须提高党员,促进党员的发展,才能发挥党员的积极性和创造性。这个目标让党员看到了支部党建对党员来说意味着什么,这是"党员是支部党建的主体"理念的落实。

五要素工作法的第三个要素是机制，就是实现目标的保障条件。大致有五个方面。

一是组织领导。相应的组织和领导两者不可或缺。支部党建要在机关党委的领导指导下开展工作，领导关系明确后还必须要有党支部的组织形式。宣教司党支部是经过党员大会选出的。我们支部有支部委员3人，我是书记，因为党员人数少就不设副书记了，组织委员是施春景，宣传委员是杨志嫒，后来是王华宁，她兼任纪检委员。另外按照处室的业务性质设置了两个党小组，一个小组六七名党员，小组长选举产生，组织党员结合业务开展小组活动。

二是法规制度。支部党建依从相关的法规制度开展工作，也依从相关法规约束行为。《中国共产党章程》是支部党建的大法，《中国共产党党和国家机关基层组织工作条例》是具体工作规则。国家相关法律和国家机关的相关制度规定都是支部党建和党员个人要遵守的。还有很重要的，是支部和司内制定的相关制度，我们有《内部制度汇编》，汇总了机关内部和司内以及支部的相关制度，还有一本《党员手册》，有必要让党员知晓和遵守相关法规制度。

三是网络队伍。这是指相关的人员和组织形成的网络。大致可以分为两个层面。第一层是基本队伍，就是司内的党员和非党干部以及在司里帮助工作的外单位同志。第二个层面是与全司工作相关的外部门的单位和人员，包括上级党组织和业务对口的部门机构，还有像第二党小组关爱的两位"北京女孩"等等也是。

四是经费投入。就支部工作来说，虽然有但是不多，比如要打印一些材料，开会要占用一些时间。因为我们支部的党建活动和业务工作紧密结合，也脱离不开具体的业务和行政工作。但专项的党建活动费用必须按照规定报批列入项目，这是需要进一步规范的。

五是考核评估。党建的考核评估越来越具体、越来越可操作了，但依然对改变"两张皮"的现象收效有限。如果光看数字，恐怕还不尽科学，因为党建的效果既体现在工作业绩方面，更重要的是体现在整个队伍的思想作风能力上面。有时候业务的、形式的指标会掩盖实际上的偏差。还有就是党员的精神状态很重要，思想状况、精神状态怎么评估？其实我们只要跟具体的人一接触，就不难做出思想层面和精神层面的结论。这有点像中医把脉看人，尽管看起来有点虚，其实基本的方面看得很准。我们的考核评估主要看党员发展了没有，中心工作完成得如何。对一个支部在思想、作风、能力方面的评价要平心而论、客观公正，要采用定性、定量相结合的办法，正确准确的评估考核对支部党建具有决定性的指导引导作用。

五要素工作法的第四个要素是内容。就机关党建来说，大致就是五大建设：思想建设、组织建设、作风建设、制度建设、党风廉政建设。

五要素工作法的第五个要素是方式方法。方式方法无所不有，既包括"三会一课"等上级要求完成的"规定动作"，还有各支部党建的"自选动作"，更要注重创建支部党建的活动品牌。我们支部的活动品牌有"我说时事"（2006 年始）、"我来主持"（2007 年始）、"读讲一本书"（2008 年始）、《共享笔记》（2009 年始）、"共享 e 站"（2010 年始）等等。其他的活动形式还有每周学习例会、"零距离调研"、与兄弟支部联学联创等等，不一而足。这些方式方法都是根据理念目标的要求和内容的需要，在机制保障的条件下，为了实现支部党建的目标而设置的，很多都是党员们自发创造创新的，也是大家愿意接受的，如果不是大家愿意，那就会流于形式且生命力不会长久，也不会有好的实际效果。

以上我提出的"五要素工作法"，是在制定支部工作法的过程中归纳出来的，其实党建工作和其他工作都有相通的基本工作规则，我只是提出了基本不可少的几个要素，在此基础上可以多列几个要素，多回答几个问题，但是不宜太多，多了就不太实用了。几年时间，几经修改，我跟一些领导同志请教讨论，形成了这个简单的逻辑框架。

党建工作法

工作法是我们开展工作的法则规则，党建工作法就是我们开展党建工作的法则规则。党的建设这项工作和其他重要工作一样，应该遵循相应的法则和规则，党的组织如党组、党委和党支部都应该有自己的工作法。有和没有、遵规和随意是很不一样的，它是一个党组织党建科学化水平的标志。制定支部工作法的活动在中央国家机关已经开展五六年了，很多支部已经都有了，但是党委的工作法见到的还不多。我认为，制定党委（党组）工作法应该成为各地、各级党组织的责任和自觉。党委工作法有一个建立和完善的过程，但是要具备这种意识并要切实落实，要有符合总体要求和联系实际的工作法，不是搞形式，这是我们做好党建工作不可或缺的基本制度，这件事不算难，但没有还真不行。

〔链接〕

对支部党建的一点认识[*]

支部提出了我们如何在支部党建的实践中摸索和探索规律性的问题，我深有感触。自从 2008 年结束援疆任务回到司里，

---

[*] 作者王华宁，国家卫生计生委宣传司原巡视员、卫生计生政促会副秘书长。

我对司里一直坚持的学习例会产生了浓厚的兴趣，并对其产生的效果有了深切的体会。我认为，这是党建工作在新时期最好的实践和探索。它极大地提高了司里干部的政治素质和精神追求，增强了同志们的凝聚力和向心力，锻炼了大家归纳总结的能力和演讲的才能；使支部党建更具号召力和影响力，展示了国家机关公务员的良好形象。

首先，支部党建真正体现了科学发展观的思想。从每周坚持学习例会"我说时事"，到支部党建创建的听、说、读、写、练，都是在用科学发展的理念引导大家，提升大家，使科学发展更具形象化、具体化。其次，坚持以人为本的理念。真正从党员的全面发展出发，顺应时代的前进和发展，增强了支部党建的活力和生命力。坚持党员领导干部带头，以身作则，身先士卒，做好表率，发挥年轻人的骨干作用和聪明才智。三是，支部党建以党员为主体。充分发挥党员的主体作用，紧密结合党员的成长发展，有针对性地解决实际问题，激发党员内在的动力和潜力，克服形式主义的弊病，摸索出卓有成效的方式，达到真学、真做、真管用的效果。

对机关支部党建规律的认识，自感还很肤浅，还需要通过不断的学习和实践，丰富党建的内容，探索规律性的东西，真正使支部党建成为锻炼党性、提高情操、服务社会、回馈人民的重要途径。

NO.7
如何遵循和践行党的宗旨？

"零距离调研"

党的宗旨是"全心全意为人民服务"，怎么才能做到这一点呢？我们体会最基本的一条，就是要和人民群众在一起，或者说保持和人民群众的血肉联系，就是毛泽东同志说的"从群众中来，到群众中去"，就是要深入到群众中调查研究。调查研究有什么稀罕的呢？任何单位、任何工作都有调查研究，这和支部党建有什么关系？

有一年，支部提出了"零距离调研"。所谓"零距离"，就是在物理空间上尽可能和人民群众零距离接触。业务工作的调查研究不会提什么"零距离"。我们要求大家出差调研和外出开会时，80%以上工作人员都要进村入户进社区。这一条我们国家人口计生委做得很好，一方面我们的工作主要就是面向农村和城乡社区群众，另一方面部委机关对工作作风有严格要求，不仅我们司，其他司局的领导外出开会调研也都会进村入户到社区，即使召开全国性的会议，一般也有进村入户的议程。

时间长了，和群众的感情也就深了，我在人口计生委20多年的工作，最大的收获就是这一条。和基层群众接触多了，心里想他们就比较多，眼睛向下看的就比较多，时间长了就没有难做的群众工作，心里也多了一些平和。中央国家机关开展"根在基层"活动，每次我都鼓励青年干部积极参与，让他们在贫困乡村和老乡"三同"，半个月不算长，但收获是很大的。我看到有一位年轻同志有一张和农村大娘握手的照片，我问她和大娘握手有什么感觉，她说"很舒服"，我想这样的干部应该可以放心了，如果握着农民的手不太自在，那就要小心了，恐怕就有问题。这20多年，我和我们的同志们走访了数不清的农户和居民家庭，特别注意掀掀锅盖、摸摸炕头，与群众有了感情，沟通就顺畅多了，情况清楚了，工作有的放矢，效果才能好。

那些年，罗迈同志五进藏区，顾法明同志七进藏区，到藏区干什么呢？那是因为藏区的"两高一低"的现象很严重，所谓"两高一低"，就是孕产妇死亡率高、婴幼儿死亡率高、住院分娩率低。藏区大都处于海拔很高的高原和山区，交通不便，有些地区人迹罕至，基本公共服务缺失，藏族孕妇获得孕期检查享受住院分娩的比例很低，遇到难产经常出现孕产妇死亡和婴幼儿死亡。我已经是八进藏区、九进藏区了。根据我们调研的情况，提出了"西藏及四省藏区人口健康促进"项目，通过和有关部委单位合作，项目持续了七八年，而且越做越大，大大促进了当地住院分娩率的提高，降低了孕产妇死亡率和婴幼儿死亡率。有一次，罗迈同志陪着专家去项目点，因天气恶劣飞机不能起飞，他们竟从成都连续坐了三天两夜长途汽车赶到昌都。他们这段星夜兼程为藏族同胞送健康的故事，现在想起来仍让人感动。

由此我感受到，作为政府部门，最重要的职责就是提供基本公共服务，特别要关注贫困地区和弱势群体，多做雪中送炭的实事，少搞锦上添花的场面。

心灵上零距离

我们离开机关到基层调研的时间毕竟有限，一年中大量的时间还是在机关办公室里，所以我们还开展了"请进来听"的活动。我有一个发现：同是一个人，上下两个样。我到基层调研，当地老刘招呼我，非常热情，我跟老刘说："您别管我，我自己走几户看看。"他说："那不行，您到哪儿都是有安排的。"原来他是带着戒心来看着我的，你要想了解一些真实情况还真不容易。过了几天，老刘到我办公室来了，就像换了一个人，掏着心窝子跟我说话，问题啦，困难啦，还有意见、建议啦提了不少。原来是调研让他了解了项目能给基层工作带来的益处，看到了我的真诚，弥合了我俩心间的缝隙。事后我跟大家说，只要心灵上零距离，在办公室也能听到真心话。把熟知一线情况的同志请到办公室，大家一起听，我们叫做"反向调研"。我们司十天半月就会请来自一线的同志，特别是县、乡、村、社区的基层同志到办公室来讲情况谈经验，而且来了就不是我们一两个司领导听，而是全司同志都来听，全司同志都受益。请进来听和走出去听相得益彰，让我们的调研很有成效。

一次，湖南省人口计生委宣教处的同志来了，他们到我办公室要向我汇报工作，我说我有两条，一是不关门，这不仅具有象征意义，也有实际意义，表明我们公开透明和广开言路；二是不要我一个人听，他们一定带有许多闪光的思想和意见建议，好不容易来了，尽可能地让大家一起听，也是难得的学习和共享的机会。我一问，大家都愿意听。

就在这个会上，湖南省的同志谈了很多好经验好做法，还有一些重要的建议，其中一条就是提出希望对户外计划生育标语口号进行清理整顿，这和我们的想法不谋而合。会议还没结束，"全国计划生育标语口号清理整顿"的课题就建立了。副司长、组织委员施春景同志负责牵头，3个月之内，我们联合清华大学和全国各省（区、市）大学的相关学生志愿者，赴每个省3个县，其中有一个贫困县，收集拍摄50—80张照片，把具有代表性的好的和不好的标语口号照片收集回来。在课题研究的基础上，我们起草下发了清理规范更新计划生育标语口号的文件，并选择了 120 条提倡推荐的标语口号作为附件转发各地，对不妥不宜的给予清理规范。很快全国的户外标语口号焕然一新，连国外媒体都报道"中国政府通过标语口号体现了执政理念的转变"。媒体称之为"洗脸工程"，还是蛮贴切的。这是请进来大家一起听的效果，要是我一个人听，一定就不会有这么好的结果。

下到地里去

有一年春天，我们到贵州遵义调研，那是贫困地区，我们来到虾子镇清坪村，进了村就入户，我进了一户农家，家中就一位女主人，我问家里还有谁呀，她说有两个女儿，贫困地区的双女户是我们计划生育奖扶的对象，我又问她怎么不见她丈夫，她说刚买了一台机器，她丈夫和他兄弟正在地里收拾呢。村干部跟我们介绍，他们这儿都是小地块儿，适合小型农机具，但很穷买不起，有顺口溜说：天无三日晴，地无三尺平，身无三文银。他们想买的旋耕机要 4000 多元，他们买不起。10 年前，国家对农村购买农机具实行补贴，但是他们还是买不起。后来国家又出了一个政策，对贫困地区购买农机具的再给补贴，他们还是买不起；过两年我们给了一个政策，贫困地区农村的计划生育家庭，再给优厚的补贴，这样他们只用了 2000 元就实现了梦想。

听到这个情况，我们就想到地头实际看看。到了地头，我按捺不住心里的兴奋，踩着皮鞋就下到地里，当我握住旋耕机的手把时，"咚咚咚咚"让我的心和他们跳到了一起。这些年，贫困地区怎么样，农民兄弟想什么，我们的政策跟他们有什么关系，眼前的情景让我当时就有满满的获得感，这种获得感只有在贫困农民兄弟有了获得感之后才会有的。那位农民兄弟叫谢德金，我记住了，他的弟弟叫谢德银。

〔链接〕

藏地一日 *

2012 年 6 月，我参加了"同心·中国幸福家庭藏区行"活动，带着一支医疗队到了云南、四川两省的部分藏区。13 天的奔波，13 天的感动。印象最深的是 6 月 24 日这一天。

早上 7 点，我们即出发去四川省得荣县曲雅贡乡因都坝村，为那里的藏民提供义诊服务。汽车沿着金沙江在横断山脉的碎石路上颠簸。两个多小时的行程，后座上的同志不时被颠得头碰到顶棚"嗷嗷"地叫。途中，我乘坐的车备胎都被颠掉了。光颠簸还不算什么，关键是危险。山路的右边经常是直上

---

* 作者施春景，国家卫生计生委家庭司原巡视员。

直下的悬崖，几十米下就是奔腾的金沙江，车轮稍一打滑，就有可能跌入江中。坐在副驾驶座上的我紧紧抓住把手，身子还不由自主地往左边倾斜，仿佛往里靠靠就能安全一点儿似的。

因都坝村是一个新建在金沙江边的村庄，是周边居住在附近高山上的八个乡的群众迁移下来组成的，现已有 200 余户藏民。医生们在卫生院（计生服务所）义诊，我就走访慰问计划生育困难家庭。坐在藏民家里和他们拉家常，了解到这些藏民从不宜居住的山里搬来，新房子是政府规划、个人自建。由于藏民居大多用木料建筑，国家给政策允许藏民上山伐木不收费，而村民们互相帮助盖房是不用付报酬的，建一座新房子国家给补助 2 万元，所以实际花销也不算大。政府规划要求，新房建设必须有独立的厕所、厨房、淋浴间。谁家盖了新房，政府就送来太阳能淋浴器，原价 2000 多元只收半价 1000 元。我到过旧藏居，一般是一层养牲畜二层住人，人畜混居，苍蝇奇多，现在卫生明显好多了。我看到，很多人家门口还种植了花草，五颜六色的鲜花盛开，折射出藏民们的幸福生活。

今天来参加义诊的群众特别多。我们到达义诊点时，门口地上已坐满了等待看病的妇女儿童。下午还发生了一场意外，一个 9 岁藏族女孩被摩托车撞倒，头部鲜血直流，被抱来时昏迷不醒。经过医生们半个多小时的抢救，女孩睁开了眼睛。望着医生们紧张抢救的场景，看着趴在窗外藏民们渴望的眼睛，我的眼眶湿润了。

这一天，从早7点到晚7点，12小时的危险颠簸和辛苦工作，非常疲惫。因为走山路，汽车如果开空调就爬不了坡，所以一路上一直开着车窗行进，到了驻地人人都成了"土猴儿"。一心想晚上痛痛快快洗个澡，赶巧的是不知为什么今天县城全部停水停电。尽管如此，我并不沮丧，因为今天我收获的感动比付出的多许多：

——在横断山脉，回想起红军长征的岁月，他们连汽车都没有，靠两只脚板在这大山里奔波。我为先辈们的奋斗牺牲精神而感动。

——走访藏民新居，看到他们的生活和卫生条件比以前有了很大改善。我为他们的文明进步而感动。

——目睹医生们不辞辛苦地为藏民看病，想到很多医生都是牺牲自己的休假而来，有的医生还自费给孩子们带来铅笔、糖果、玩具等，我为白衣天使的无私奉献而感动。

感动让我的灵魂得到净化，感动让我的精神得到升华。想想缺医少药的藏民和努力工作在基层的同志们，与他们相比，真觉得自己为这个社会、为那些需要帮助的人们做出的奉献太少太少了。

〔链接〕

路边那间农舍[*]

2011 年 9 月 17—22 日，根据"走出机关、服务基层"总体工作安排，委直属机关部分青年干部赶赴湖北省恩施土家族苗族自治州舞阳镇周家河村，进行了为期一周的"同吃、同住、同劳动"体验式调研活动。我作为机关团委副书记带队。这次基层调研为开放式调研，事先不限定具体主题和目的，出发前张建同志和机关党委张旭光书记一再叮嘱，要利用这次机会加强青年干部的实践锻炼，积极培养对基层群众的感情。

进驻周家河村以来，我充分发动组织调研组的青年朋友们，每天早晚就当天的调研任务、学习内容进行集中讨论、发表观点并分享心得，随时根据实际状况调整走访行程。我还把宣教司党建工作的一些传统和习惯带到我们这个小团队里，每天都会制定工作和学习计划，比如说，今天要考察几户，要入几户，第二天上午要到田里去劳动，跟着谁去劳动，下午要干什么。晚上大家还要开一个小会，就像党建活动一样总结分享当天的收获。短短几天，调研组结合成员各自工作领域的性质和内容，对农村留守儿童、政策宣传、医疗保障等方面进行了

针对性考察，实地走访农户8家；走访当地中心小学并与校长、老师座谈；访谈10余名留守儿童并捐赠文具；与小学生开展课堂互动；向村计生干部及农户赠送了《科学育儿教育指导手册》《游戏中成长》等图书，内容充实，收获颇丰。

但让青年干部们感触最深的有这样一件事。抵达周家河村的第一天下午，天上下起了绵绵细雨，我们沿着泥泞山路走了十几里，发现小路边有一户农舍。这农舍其实就是一间破旧的草屋，里面住着两位中老年农民夫妇。老两口一开始看到我们似乎还有些防备，并没有喝止吠叫的黄狗。经过一番自我介绍后，我们一起在屋前搬着小竹凳坐下来，聊起了家常。在聊天中我们得知，这位妇女患有严重风湿病几乎不能劳作，丈夫要照顾妻子不能外出打工，只能干些农活，唯一的儿子在广东打工。这户人家已经因病致贫多年，家中主要的收入依靠儿子打工和农作物收益，人均年收入不到1000元。突然有人问起奖励扶助的事，继而了解到，两人居然从未办理过独生子女证，虽然乡里计生专干几次来催促过，但夫妇两人对政策还是稀里糊涂，将信将疑。按照当地相关规定，女方必须在48周岁前办理独生子女证才能够享受农村部分计划生育家庭奖励扶助政策。我们马上请求查看女方身份证，这才发现，这位妇女还有几十天正好即将48岁，马上就要错过办理的时限了！了解到这些情况，我们马上打电话给当地计生局咨询相关政策，并与村支书联系，确保为他们尽快办理独生子女证，以便享受计划生育奖励扶助金。办理成功后，每年这一家人一共能拿到1440 元，确实能够在一定程度上缓解他们的养老压力。冒雨走这么远，能够运用政策知识当场为农户解决实际问题，可谓不虚此行，青年们备受鼓舞和感动。

在短短一周的实践里，调研组的青年朋友们对农村基层情况有了实实在在的体验，与农民同吃、同住、同劳动，接了地气，不仅拉近了和群众之间的距离，更锻炼了年轻人的吃苦精神，对做好今后的工作，增强群众的获得感有了更深层次的思考。

[链接]

向基层同志"汇报"*

中央国家机关的同志到基层去调研、开会、交流，开口说话一般会被如何评价？通常都会被基层的同志冠以"重要讲话""重要指示"云云。但原国家人口计生委宣教司的同志们到基层，从来都不使用"讲话"这个词，因为我们心中非常清楚自己的定位，我们使用的词是"汇报"。

2012 年 8 月底，宣教司几名同志到新疆开展培训工作，期间与自治区人口计生委、博尔塔那蒙古自治州人口计生委进

---

* 作者姚秉成，国家卫生计生委办公厅研究室副主任。

行了两场联学联创活动。在和自治区同志交流时，张建同志登台发言，使用的题目是"向新疆的同志们汇报"；与博州同志交流时，施春景同志登台发言，使用的题目是"向博州的同志们汇报"。

当地的同志就和我们说："你们是中央部委来的领导，应该是我们向你们汇报才对啊，这不是反了吗？"我们立即诚恳地解释，基层干部群众是人口计生工作的主体，更是促进社会进步、推动历史发展的主人。我们只是人民公仆而已，我们跟主体、主人交流，当然是"汇报"了！

[链接]

典型植根于基层*

根据中央统一部署，按照原国家人口计生委学习实践科学发展观活动领导小组的总体安排，我们收集了全国各地人口计生系统贯彻落实科学发展观成果的100个案例。为了总结学习成果，扎实做好整改落实工作，国家人口计生委决定召开贯彻落实科学发展观报告会。

这项工作由宣教司具体承办，宣教司与直属机关党委共同研究具体方案，在做好规定动作的同时，策划好有特色的自选

---

* 作者杨志媛，国家卫生计生委直属机关工会常务副主席。

动作。我有幸亲自参与科学发展观成果的案例征集和报告会的策划组织工作，在宣教司党支部的领导下，筹备工作有条不紊地开展。整个筹备活动的过程，就是自己思想上的洗礼和受教育的过程，自己一次次地被感动、被震撼，有的故事让我终生难忘。特别让我难忘的是组织演讲人集中辅导培训时，在与他们沟通交流过程中，听到了不少老百姓的故事。基层群众的质朴深深地打动着我，让我不止一次感动得掉下眼泪，当时的场景至今历历在目。

报告会当天，我们把《全国人口计生系统践行科学发展观100例》摆放在大家面前，把人口计生委学习实践活动的重要成果展现给大家。报告会上我们选取了其中的7个案例，请基层的老百姓通过讲故事的方式向大家展示。

清楚地记得报告会上，北京市怀柔区庙城镇庙城村村民朱国柱和河南省孟州市会昌办事处北韩庄村村民马胜利讲述了他们的幸福生活，"三项制度"全面实施，惠及了千万计生家庭；四川省什邡市蓥华镇计生办主任王恩刚讲述了抗震救灾，摧不垮的队伍，震不散的网络的故事；云南省迪庆藏族自治州香格里拉县人口计生委主任和红美和云南省迪庆藏族自治州香格里拉县尼西乡村民七林央宗讲述了"新农村新家庭计划"造福川滇藏农牧民的故事；大连市甘井子区泉水街道锦泉社区健康家庭指导员杨瑾讲述了从群众需求出发创新人口计生服务模式，服务广大群众的故事；吉林省四平市计生特殊家庭代表尹晓茹、解放军驻平 65571 部队战士陈亮讲述了万名爱心儿女走进万户计生特殊家庭的故事；宁波市北仑区大碶街道银杏社区主任徐慧、宁波市鄞州区第二医院高配间工人梁国华讲述了流动人口服务和管理造就"新市民"的故事；北京中医药大学"蒲公英"志愿者团队讲述关爱女孩青年志愿者在行动的故事。

　　质朴的语言，感人的故事，心灵的交融，典型根植于基层，发源于群众，来自最基层的人口计生工作者和群众代表，用"身边的故事"，讲述了人口计生系统全面贯彻落实科学发展观的实践，给与会者上了一堂生动的科学发展观教育课，感动了到会的所有人。

NO.8
如何做好"规定动作"？

不可绕过

上级党组织来我们司里调研的时候，问我为什么对党建活动那么认真，每一个"规定动作"都做得很有效果。我说没有办法呀，因为我不能绕过去。这话怎么讲呢，"规定动作"是中央和上级党组织要求我们做的，很重要也很必要，你能绕过去吗？不仅不能绕过去，还要认真做好，否则后果很严重。什么后果？首先是损害自己的后果。如何对待"规定动作"，基本有两种态度和做法，一种是认识到位，然后自觉做了，认真做了，这个认真是真做，效果当然就好。还有一种就是对"规定动作"不甚理解，或由于种种原因，没有认真去做，应付对付，或者像有人说的"认认真真走过场"，就会产生相反的效果，谁这样做就要扣谁的分。

2006年，我调任宣传教育司司长、支部书记。刚上任，就遇上了一个"规定动作"，中央国家机关开展了一个"学党章、守纪律、做表率"的活动，我们支部应该如何落实，别的不说，首先就有一个《党章》怎么学的问题。《党章》怎么学？认认真真地学呀！认认真真怎么学？原原本本地学呀！原原本本怎么学？一字一句学呀！我们可以看到，有些书记只会重复上级领导讲过的话，没有具体落实的措施，那要我们支部书记做什么呢？我想如果大家围成一个圈，有人念上一遍，然后每人说几句，这样虽然也叫学了，恐怕效果不太好。

我想不出好办法，但是党员们一定有好办法，一个党员说："《党章》我看了，有12个部分，《总纲》加11章，我们正好12个人，能不能一人领学一章？"这位党员是认真的，我内心非常赞同，看看大家也赞同，我又加了两条："一是学了要讲，每人10分钟，二是要站着讲，要有PPT。"我们12个人，每人10分钟就要2个小时。为什么又要站着讲呢？当时我有一个很深刻的印象，就是机关的年轻干部缺乏锻炼，不会讲话。有时我带着年轻干部到基层调研，当地领导主持座谈会请我说，我说完了还要请我们的年轻干部说，虽然只是科级干部，但基层的同志也称他是中央国家机关的"领导"。但我们的年轻干部在机关缺乏锻炼的机会，站起来讲话结结巴巴脸红脖子粗，形象影响很不好。所以我认为，只要是国家机关的干部，不论职务高低，都代表着一个单位和部门，必须锻炼说话的能力。我们是宣传教育司，不会讲话更说不过去了，所以无论老同志还是年轻人，都要提高讲话的水平，而根据我多年搞宣传工作的经验，要提高讲话水平，就要站着讲，不能坐着讲，坐着讲 10 回不如站着说一次。

就这样，宣传委员就分配了每位同志的学习内容，我说《总纲》，春景同志说《党的组织制度》，文铠说《党的中央组织》，莫丽霞说《党的基层组织》，杨志媛说《党的纪律》，我们还有一位入党积极分子金婷，她就讲《党徽党旗》等等。说好了"下周二上午见"。

你相信吗？我感觉空气中弥漫着紧张的氛围，为什么呢，因为大家都很认真地在各自准备。我倒紧张了，因为我的《总纲》部分内容很多，10 分钟怎么讲呀，况且我还不怎么会PPT，再怎么样至多只能是中下水平了。

到了讲的那一天，每一位同志讲得都很精彩，《党徽党旗》是最短的一章，可是金婷同志讲得很生动且深刻，那次我才注意到"镰刀斧头"和"镰刀锤头"的区别。每个人都结合党史联系实际讲得各具特色。给大家留下了深刻的印象，做到了真学真有效。

过后我认真回味了一下，为什么大家都很认真呢？原来这次学习，这种学习，实际上是给了党员们一次机会。因为在党政机关，一般干部很难有站在大家面前讲话的机会，而这10 分钟，给了大家一个展示的机会，要展示就要有水平，要有水平就要认真学习和思考，就要有所提高，效果自然好。认识到这一点，让我十分高兴，我给不了他们什么，但是党建活动可以给他们学习锻炼的机会，这种锻炼和展示对提高他们的能力水平很有好处，这是业务工作给不了他们的，他们需要，支部可以给，我们的支部党建就从这儿开始了。

我是"两学一做"学习教育工作第一指导组的组长，一开始就遇到了《党章》怎么学的问题，如果不联系实际，念 10 遍也记不住。我就请教我们的党员，有同志说能不能每个人联系自己的实际讲讲学《党章》的体会，就叫"学《党章》讲故事"吧。我们指导组在联学联讲的活动中，就用了讲故事的形式，每位同志都能讲出生动的故事。我们指导组的侯仁杰同志第一个发言，他是中国疾病预防控制中心营养与健康所党委办公室干部，他说，2013 年"七一"的时候，党委组织党员演讲比赛，在职的党员都参加了，那离退休党员呢，老同志身体不太好，住家离得又远，中心单位在北六环外，交通很不方便，为了照顾老同志，就不通知他们来了。结果活动结束就有老党员打来电话："小侯啊，党员活动为什么不通知我们参加啊？"小侯本来出于好意想照顾老同志，没曾想老同志不领情。在年底的离退休干部座谈会上，一位年近九旬的老党员质问党办为什么不通知他们参加他们应该参加的活动，这是《党章》赋予每一位党员的权利和义务。这件事对小侯他们产生了极大的震动，他们认真学习了《党章》，了解到"参加党的有关会议"是《党章》赋予每位党员的权利，在认识到这点后，及时加强了对老党员的服务和沟通，赢得了老同志的认同和赞许。小侯同志这样结合《党章》讲故事，相信大家都记住了。随后大家都结合《党章》联系实际讲了各自的故事。这是学好《党章》做好"规定动作"的又一个典型范例。

党员承诺

2011 年，在创先争优活动中，有一个"党员承诺"的活动，这也是一个"规定动作"。"党员承诺"这个环节怎么做，我不知道，我还是请教大家。有同志说，承诺就是你说的你就要保证做到，不说做不到的话。有一位党员说：我就承诺一点行不行？我觉得这个建议比较实在，就补充了两条：一是我们每人承诺不要多，就说一两条在创先争优活动中自己能做到的；二是每个人的承诺要联系个人实际，承诺书要有题目，要有具体内容。拿我自己来说，我的承诺书的题目是《要求别人做到的，我自己首先做到》。这一条我敢承诺，我也能做到。我们支部的承诺书贴出去以后，比较特别，每个人的承诺书都有自己独特的标题，篇幅不长，内容实实在在，这样保证能践诺，也方便大家来检验。

一位国家机关的年轻朋友跟我说，他在开展"党员承诺"活动中接受了一项任务，是负责张贴党员承诺书，他说他看了一下，五六十份的承诺书，感觉挺麻烦的，因为他发现好些内容差不多，还有从网上下载下来的，内容都一样。怎么办呢？

为了完成任务，他把内容一样的贴到顶上头，不一样的贴在跟前，说是这样好看一点。我听了心里真不是滋味，我们要这样的承诺有什么意义呢？这样自欺欺人不仅达不到效果，反而要倒扣分的，扣谁的分呢，谁应付就扣谁的分，扣的是一个人的诚信分，一个人的诚信分没有多少，就按 10 分算吧，弄虚作假三四回就不及格了。

所以我对"规定动作"十分在意，也十分敬畏，因为我知道这是检验考验我的党性的时候，也是给我加分或者扣分的关口。我总是把"规定动作"看作给我加分的机会，认认真真地做，不敢含糊，这样对我好，对大家也好，当然对党的事业也好。

给自己加分

这两年，委里根据中央部署和要求，开展了群众路线教育实践活动、对直属单位开展巡视和开展"两学一做"学习教育等活动，我都担任组长，可以说接受了许许多多的"规定动作"。我知道"规定动作"的重要和厉害，所以只要是我主导参与的，都不敢含糊，我把"规定动作"看做是给我"加分"的机会，所以都认认真真地去做。举个例子，各项活动和工作的启动都有一个相同的规定动作，也是第一个"动作"：开好动员会。动员会怎么开我心里没有底，但我知道党员们一定有主意。比如召开群众路线教育实践活动的动员会，我们督导组负责督导8个单位，我就问大家怎么开好动员会，有一位同志说："有模板，领导同志讲话有模板，督导组长讲话也有模板，您照着念就行了。"另一位同志说："念稿子的效果一定不好，要想效果好，您能不念稿子吗？"为了开好动员会，我可以不念稿子，有一位同志说："真要开好动员会，您让8个单位的领导都不念稿子，可以吗？"我觉得应该往这个方向努力，为了开好动员会，我就跟这8个单位的"一把手"商量，其中有的领导职务比我还高，我说："杨书记啊，您这样的水平可以不念稿子吧？""可以啊，我联系实际讲没问题。"没想到8个单位的领导都非常支持我们的想法，动员会上他们都脱开稿子，尽可能联系实际讲心里话。领导不念稿子并用表情辅以内容，会场气氛显得更为庄重又生动，干部职工都听得很认真。我也不念稿子，把具体要求变成我自己的语言，让内容变得通俗易懂便于理解，8个动员会都开得很成功。动员会开了个好头，带动了后面的活动，保证了每个单位的群众路线教育实践活动都取得了令人满意的实效，至少把形式主义的"水分"挤到最少的程度，赢得了大家的认可和赞赏，不但给活动单位和领导加了分，也给我和我的同志们加了分。

NO.9

如何实行党内民主？

"好建议"活动

每年的岁末年初，我们都要开展"好建议"活动，一直搞了七八年，直到两部委撤并。这样集中地听取大家的意见不是走形式，不是走过场。在我们司，平时有什么意见建议都可以提，知无不言，言无不尽。到了岁末年初，支部还要正儿八经地下发通知，提出要求，鼓励大家想说什么就说什么，特别是对下一步工作的想法建议，这样可以更周到地安排全年工作，也便于发挥每一位同志的优势做好工作。对汇总上来的意见建议，一般都在 100 条左右，宣传委员都会列表梳理，每一条建议都有建议人、建议内容、处理类别、落实措施、责任人、协同人、落实期限等等，一定要落实到人头、时间和结果上，有些有待研究和务虚的内容也有具体牵头人负责。这样做的结果，就是让大家看到我们听取意见建议的诚意，看到我们尊重党员主体地位的决心，看到我们发挥党员积极性创造性的效果，所以大家很认真、很踊跃。在汇总落实的讨论会上，大家畅所欲言、集思广益，都主动地承担落实建议的任务，形成了人人发动起来、人人起来负责的喜人局面。

"还有哪位同志要说的？"

支部每周一次的学习例会是由党员同志们轮流主持的。主任科员石雅茗同志在第一次主持的时候，特别认真，她的主持不仅主题深刻、构思精巧，而且内容丰富、形式多样，她给议程安排了五个单元，在每一个单元结束的时候，她都要问一句："还有哪位同志要说的吗？"在学习例会快结束的时候，她又强调了一句："我们的学习例会就要结束了，还有哪位同志要说的吗？"大家给她鼓掌，赞赏她说的这句话。从此以后，不管是谁主持，最后一定都要说这句话。我们十几位同志开会，只要有人没有说话，最后就一定给他表明自己意见的机会。

过后我越想越感慨，石雅茗同志的职务级别最低，说出的却是支部党建最深刻的道理：让人说话！让每个同志都说话，就能发掘和调动每一位党员的积极性和创造性，这个过程，民主决策有了，科学决策有了，群众路线也有了。坚持这一条，就为党内民主打下了基础，创造了条件，做不到这一点，党内民主就谈不上了。

　　这件事情让我想了很久，让我逐渐认识到，党建在一个单位和在整体工作中承担的是什么作用。我们的行政业务单位，都存在着一个层级管理，就是一级管一级，一级服从一级，这是保证行政业务工作正常运行的制度和规矩，没有规矩不成方圆，全世界都一样。但是层级管理容易带来一个弊病，就是越往上级越重要，越往下级就越不重要，每一级都更看重上一级，而下级的积极性和创造性就得不到很好的发挥。在机关里我们常常能看到低职级的干部"很郁闷"，时间长了就会影响整个队伍的建设和整体工作的发展，这是层级管理的一个弊病。

　　对于这个弊病，在一些先进组织里是依靠文化建设来解决的。我们听说过的《第五项修炼》等，就是通过团队学习、扁平化管理、民主化管理等办法，用文化建设来调动低职级员工的积极性和创造性，来消除层级管理产生的弊病。那么在我们国家、在我们机关用什么方法呢？也是用文化的办法吗？我们国情与外国有一点很大的不同，这就是我们党是长期执政的党，所谓文化的办法，在机关单位都是党建的范畴。我们的机关单位，除了行政业务，其他所有如思想政治工作、精神文明建设、司处文化建设、工青妇工作、统战工作，包括离退休干部工作等等，都可以说是机关党建的范畴。认识到这一点，有助于我们明确地把党建摆到引领和统领的地位，用党建工作为实现业务工作目标任务提供思想保证和组织保证。

克服层级管理弊病最主要的是发扬党内民主。党内民主就是尊重党员的主体地位，让每一名党员有平等的权利。一位分管我们司的委领导就在我们这个支部，就在主任科员石雅茗同志担任组长的那个党小组，领导在党内和其他党员处于平等的地位，正是充分尊重党员的主体地位和民主权利，这样才能充分发挥和调动全体党员的积极性和创造性，消除层级管理带来的弊病。如果不是这样，那就破坏了党内民主的精神，如果我们不能实行党内民主，那就等于堵死了发挥党员积极性创造性的通道，层级管理的弊病就不能消除。认识到这一点，是我们实行党内民主、推进支部党建的关键。

让人说话

一位外部门的小王跟我说，他们的司长不让他们说话，我说不可能。小王说每次开会都是司长先说，说完就散会，我说难道司长不问大家有什么意见吗？小王说，司长倒是说了这句话，但是他说这句话的口气，根本就没有让你说话的意思，谁还敢说呢？我见过一些专横的领导，他们的下属大多一脸麻木，面无表情。因为强势的领导已经为每一个人下达了不容置疑的命令，你照着他说的去做就行了，完全是被动地服从，个体的主观能动性无从激发，谈不上什么积极性和创造性。就像偌大的动车车场驶进了一辆蒸汽机车，这样的团队看似整齐划一没有意见，实际下属的心中都燃烧着愤怒的火焰，即使有人装出热烈拥护的表情，甚或有乖戾的表现，也只是逼出来的变态，整个团队即使能一时表现突出，但是长久不了。更谈不上形成既有个人心情舒畅又有生动活泼的政治局面了。

党内民主是党的生命。《关于新形势下党内政治生活的若干准则》提出，坚持集体领导制度，实行集体领导和个人分工负责相结合，是民主集中制的重要组成部分，必须始终坚持，任何组织和个人在任何情况下都不允许以任何理由违反这项制度。要坚持和完善党内民主各项制度，提高党内民主质量，党内决策、执行、监督等工作必须执行党章党规确定的民主原则和程序，任何党组织和个人都不得压制党内民主、破坏党内民主。

党内民主的基础在支部，要想发挥好支部的战斗堡垒作用，调动广大党员的积极性和创造性，那就要在支部内尽可能多地发扬党内民主。一个人、少数人再能干，离开了大多数人就干不好或干不成。包括我们党内一些人的做法和党中央不一致，违纪甚或违法，这和党内民主不够，不能得到有效监督和及时纠正有密切关系。

〔链接〕

建议好就采纳[*]

2006 年年末，宣教司首次开展了征求"好建议"活动，请全司同志、各省（区、市）宣教处的同志以及专家学者提出做好工作的建议和意见，集中各方面的智慧扩大宣传工作的影响。

恰在这时，国务院新闻办公布了有关部委的新闻发言人名单及工作机构电话。这件事促使我萌发了主动实现宣传教育政务公开的想法。我想司里交给我收集整理各省（区、市）"好建议"的任务，本身不就是主动寻求国家与各省（区、市）间对主要工作内容形成共识、协调一致的做法吗？如果把这些与群众切身利益相关的宣传教育项目汇总后扩大知情范围，不就是政务公开目录吗？于是，我提出宣教司"政务公开"的五条建议，希望每年制定宣教工作公开事务目录，包括年度工作计划、项目进展情况等，及时向社会公布。另一方面，继续办好中国人口网"宣教直通车"栏目，在报道各地宣教工作动态的同时，加强对我司工作动态的报道，向社会公开我们宣教工作的各方面信息，让大家关注我们、了解我们、支持我们，

---

[*] 作者文铠，国家卫生计生委规划司原副巡视员。

并主动接受群众的监督。

我的建议得到了全司同志的赞同，也得到了委领导的肯定，建议的内容都得到了落实，政务公开还成为我们支部工作法的重要内容。

[链接]

一句经典的主持词[*]

2009 年，学习例会在"我说时事"之后增加了"我来主持"一项。2010 年 3 月 1 日，轮到我第一次主持学习例会。虽然之前的几次例会我都留心向主持人学习，详细记录张建同志对主持人的点评，力争多积累一点经验，但心里还是有点紧张。

怎样才能主持好例会？我想首先要有一个合理的议程。于是我将例会分成学习和工作两个板块，共五项议程，学习部分包括"我说时事"和专题学术报告，工作部分安排了近期开展活动的介绍、主要会议和重要文件精神的传达，以及下一周工作的布置安排。

此外，例会时间有限，怎样才能让每一位同志都有机会发表自己的意见呢？我想，学习例会的一个主要目的就是让全

---

[*] 作者石雅茗，国家卫生计生委家庭司性别比办公室副调研员。

司同志都有平等的发言机会。

于是，在主持例会时，每一项议程之后我都问一句："还有哪位同志有什么要说的？"这样，就让没有安排专题发言的同志有了发言机会，可以发表自己的意见和建议。

这种做法符合了我们支部一直倡导的党员主体的思想。在以后的例会上，大家都不约而同地在例会结束之前问一句，"还有哪位同志有什么要说的？"没想到，无意之中这句话竟成了例会上主持人必说的一句经典话。

NO.10
如何加强党性修养？

学而共习之

新的一周开始了，我的心里又充满着期待，不仅是我，我相信司里每位同志都充满着期待。大家期待的，就是我们每周一次的"学习例会"，新的一位主持人将会奉献怎样精彩的精神盛宴。我们的"学习例会"每周由一位同志轮流主持，从最早单一的 20 分钟"我说时事"，到后来满满的一个上午，有时事评说，有调研收获，有业务研讨，有人生感悟。"读讲一本书"总能听到生动的故事和深刻的思想，"请进来听"更能和专家领导或者基层干部群众面对面交流。每一次"学习例会"主持人都会设置一个主题，都有精巧的构思和丰富的内容，而且每个人都会发言，最后 10 分钟，是留给司长安排工作。有时轮到我已经到了午餐时间，虽然意犹未尽，但民以食为天不能拖堂，我只能改为书面发言，用中午的时间把学习体会和工作安排写到邮件里发给大家，已经有五六次了，可想我们的"学习例会"有多么热闹。

记得那是宣教司第 62 次学习例会，莫丽霞同志做专题发言，她在 PPT 的首页打出了演讲的主题：解放思想解放什么？这句话颇有振聋发聩的意味，大家也带着疑惑和期待听她讲。莫丽霞说的是她学习科学发展观的体会。她说科学发展观要求以人为本，全面、协调、可持续发展，但在现实中，我们可以看到不少地方和不少工作，不是以人为本，也不是全面发展。说到这一点，引起了同志们的共鸣，大家列举了许多现象，比如有以钱为本的，为了盈利不惜牺牲工人性命的黑矿主、黑窑主；有以物为本的，如追求豪华建筑盲目建设的，比如把娱乐城建在城市的湿地上；有以数为本的，为了虚荣和官职，单纯追求数字虚报瞒报的；有以利为本的，一些地方和部门的腐败堕落者不惜牺牲国家和公共利益搞权钱交易等等。

蔡菲同志以"尊重生命"为题，做了专题发言，她说："以命为本，这是以人为本的底线，连生命都不尊重，谈何科学发展？"讨论越来越深入。青年党员金婷认为，解放思想就要在领导干部思想上突破单纯追求经济增长的束缚，确立以人为本、全面协调可持续的科学发展观，这是我国社会从解决温饱为主要任务的生存型社会，向以人为本全面发展的发展型社会转变决定的。我们从"加快发展"到"又快又好"，再到"又好又快"，可以说明这一点。

这次学习，引发了大家多次深入的讨论，这个话题在我们司里议了很长时间，每个人还写了专题文章，形成系列，在相关报刊上发表，提出并实践了"零距离"调研、优化户外环境宣传和改进文风会风的措施办法等等，较好地确立了科学发展观的思想理念，推动了业务工作质量的提升。

像这样的学习，已经成为我们学习例会的常态，时间长了，我体会到这个过程就是我们潜移默化提高党性修养的过程。修养首先从有效的学习开始，我们的学习既注重向书本学，又注重向实践学、向基层学、向群众学，还有向同事学、向领导学、向错误学，积累时日，必有所获。我用了《论语》开头的话，但是改了一个字：学而共习之，不亦说乎。

为人民服务

内化于心，外化于行，多年的共同学习思考和共建共享，让我们的内心逐渐强大，找到了作为党员公务员的价值所在。我们的价值不以个人的财富衡量，而是体现在为人民谋利益和为社会谋福祉的贡献上，虽然个人微小作用经常看不出来，但是我们知道"不以善小而不为，不以恶小而为之"是一名党员必备的品质，因为我们来自人民，全心全意为人民服务本是我们的天职。所谓党性，就是党的性质，中国共产党开宗明义把"全心全意为人民服务"作为党的宗旨，让我们找到了心灵的归宿。长期以来的支部党建，215 次学习例会的积累影响，已经让我们的党员确立了全心全意为人民服务的思想，树起了我们工作、学习和人生的鲜明目标，那就是"为人民服务"，在大家日常的工作学习实践中得以坚定和发扬。

党的十八大刚结束，中央政治局就做出了八项规定，司里同志在热烈讨论的时候，那是发自内心的高兴和振奋，组织委员、巡视员施春景在《共享笔记》里用一首长诗表达了我们的心情，有几句平常的心里话我很认同："前进标杆竖起，风向已经标明。好党风带动好政风，好政风推进好民风。神州大地欢欣鼓舞，亿万人民击掌相庆——这样的共产党，才能真正赢得俺们老百姓的拥戴和欢迎。中华崛起，民族复兴，伟大的党带领伟大的人民，共同去实现伟大的中国梦。党心民心，心同德同！"

后来因为卫生部和人口计生委两部委撤并，宣教司的干部都拆分到各个司，我也退居到二线，支部的"学习例会"就结束了，但不断加强的党性修养，已经铸就了我和大家共同的信念，党性修养对我个人亦成为一生的财富。我记住了同事们送我的临别赠言：不以物喜，不以己悲。这成为我退休以后不懈的信条，衷心感谢我的同事们！

[链接]

我们的工作做给谁[*]

取这个题目，意在做些批评，这种批评，首先是对自己的审视。

当我们承担一项任务，完成工作岗位的职责要求时，首先遇到的是要定位：我们的工作做给谁？是仅仅给领导吗？好像是，又好像不是。是仅仅做给基层吗？好像是，又好像不是。那是什么？是兼顾，还是难以两全？

为人民服务是我们工作的宗旨。但是我们在工作中常常会有些困惑：讲的是为了人民群众，实际是怕领导不满意；讲的是道理，实际是凭关系；讲的是内容，实际是形式；讲的是政治，实际是利益；等等。我们自己在工作中经常处在"自说自话，自娱自乐，自我评价"卡拉OK式的状态之中，不能不让人忧虑。

政府职责法定，可我们有的工作做到了"法定"之外；政府资源有限，可我们有的工作浪费了资源；政府管理分级，可我们有的工作越俎代庖……

有位名人说过这样的话我很欣赏。其实，这位名人是不

---

[*] 作者石海龙，国家卫生计生委办公厅原巡视员。

是名人不重要，主要是说的内容挺有哲理。他说："批评，是一种人生的表达，它有沧桑，棱角，温度，斑驳，有呐喊嚎叫，金戈铁马，杜鹃啼血，荒野呼告。它是求证，是博弈，是激赏，是同情，人生有的它都具有。它有方向，是字里行间存放的一些线索和路径，它是对话，是对于对的人生的关切与尊重。"

张建同志的一个观点我非常赞同。他说："我们应该是人民群众的根本利益的代言人和维护者。"全面做好人口工作，对从事这项工作的国家公务员要求很高，把对党负责，对国家负责，同对人民群众负责紧密结合起来，把工作做给他们，留给历史。

[链接]

思想深处的升华[*]

2010 年，在宣教司 12 个公务员中，只有一个非党同志——姜雯。她是从委里其他司通过竞争上岗到宣教处任副处长的，作为要求进步的年轻人，她成为支部重点培养对象。因为她是宣教处的干部，就由我这个支部委员和时任宣教处处长的顾法明同志做她的入党联系人。

---

[*] 作者王华宁，国家卫生计生委宣传司原巡视员、卫生计生政促会副秘书长。

　　经过了解，我们发现，姜雯在上大学时就要求进步，写了入党申请书，但是，在学校时，她觉得只要自己为人正直、读好书就行了，虽然要求入党，但并不迫切。她到了宣教司以后，司里融洽的氛围和每位党员的真诚，使她有一种迫切得到组织认同的愿望。她在《共享笔记》中写道：宣教司支部党建让我如沐春风。追求思想上和组织上的双入党成为她的自觉行动。

　　2011年，委里为培养年轻干部，让姜雯到北京市昌平区沙河镇去挂职锻炼。一个月后，我和顾法明同志作为党支部的代表和入党联系人去看望并了解她在基层的工作情况。当时我们在交流的时候，姜雯就感慨地说，她基本是从家门到校门、又从校门到机关门，对基层的情况接触得少，现在把办公桌搬到村里、搬到群众的家门口，受益匪浅。她到昌平区沙河镇工作，看到村镇干部非常敬业，做群众工作耐心细致，实行工作"日结制"，也就是当天的工作必须当天完成，经常深夜开会研究问题，始终把人民群众的利益当作头等大事来研究解决，使她深受感动：原来基层的干部是这样工作的！

　　我们听了非常感慨，如果不是到基层挂职，如果不是基层干部对她的教育，姜雯不会在很短的时间就融入基层工作中，特别是对老百姓的感情发生了这么大的变化。从姜雯身上，我们感受到，作为年轻干部，组织上应该提供机会让他们到基层去锻炼，创造机会使他们接近群众和了解基层，使他们更快地锻炼成长起来，使我们的党组织增添新鲜血液，永葆政治青春。2011 年 4 月，姜雯光荣地成为一名中共预备党员，我作为入党介绍人感到非常欣慰。

[链接]

最美是基层*

在我的办公桌旁，一直放着一张珍贵的照片，至今已有 8 年了，这是 2009 年 10 月 1 日在新中国成立 60 周年庆典上，"人口卫生"彩车在几千名卫生计生工作者的簇拥下，从天安门城楼前缓缓驶过的场景。作为新中国成立 60 周年庆典"人口卫生"彩车的策划组织者，感觉很荣幸，终生难忘！

新中国成立 60 周年庆典中众多的彩车上，有英雄或是冠军，有劳模也有英模，而在"人口卫生"彩车上的代表人物全然没有这些光环，他们全都是来自基层的群众和计划生育工作者，就是我们身边的大姐和村里脱贫致富的大哥，代表着最广大的人民群众。这是一个突破性的决定，我们根据人口和计划生育的几项重点工作，特别是《中共中央致全体共产党员、共青团员的一封公开信》发表 30 周年的特殊时期，我们提出了从基层推选代表人物登上彩车展示的建议方案。在新中国成立

---

* 作者杨志媛，国家卫生计生委直属机关党委工会常务副主席。

35周年和50周年庆典中，彩车上的计划生育工作者、计划生育家庭多为专业演员扮演，而在此次的展示中，国家人口计生委领导决定将这份荣誉赋予计划生育工作者和人民群众代表，这是一个成功的尝试。

彩车上11位代表人物分别来自北京、河北、吉林、江苏、河南、湖南、四川、宁夏、青岛、宁波等省（区、市）及计划单列市，分别代表：县级人口计生干部、乡级技术服务人员、村级计划生育专干、独生子女家庭、奖励扶助受益家庭、幸福工程受助贫困母亲、西部地区少生快富家庭、流动人口计划生育家庭、全国十佳自强女孩和首都青少年。通过这个舞台，更多地展示自觉实行计划生育、为中国人口发展做出贡献的家庭代表、人口事业发展的受益者，以及为人口计生事业无私奉献的基层干部群众。

根据首都国庆60周年群众游行指挥部的总体安排，要完成人口卫生彩车代表人物的表演展示任务，就要进京参加几次统一的演练彩排。11位代表中最小的9岁，最长的60多岁，他们都没有接触过表演，但他们深知自己肩上的责任，为了确保表演展示成功，按照导演的要求，他们投入了紧张的排练，对每一个动作造型，每一个姿态表情都一丝不苟，一遍一遍地演练，他们全身心地投入，把每一个角色都表演展示到位，力争将自己调整到最佳的状态。

11位代表人物不负众望，他们抓住了70秒宝贵时光，尽情地欢呼雀跃，以极佳的政治热情，以最灿烂的笑容、最佳的精神状态和最美的形象，接受了中央领导和全国人民的检阅，用他们的实际行动诠释了"我为新中国成立60周年添光彩"的口号。他们近乎完美的表现，让我从心底里为他们点赞！他们是最美的！

NO.11

"共享"如何成为我们的共识？

美美与共

有一次司里"读讲一本书"，莫丽霞同志给大家讲她读书的体会，她讲的是费孝通的一本书，她在投影屏幕上打出了这本书的主题：各美其美，美人之美，美美与共，天下大同。莫丽霞的述说引起了大家的共鸣，她说，我们能不能把"共享"作为我们共同的理念，大家一致赞同，那次"读讲一本书"给大家留下了深刻的印象。

过了几天，莫丽霞同志又和我讨论了共享的话题，既然大家都认定共享是我们的理念，那就要在日常的工作学习和同志之间倡导和体现这一理念。她和新闻处的同志们在办公室的一角设立了一个书架，把她们认为可以共享的书刊先摆了上来，他们给书架命名为"共享空间"。其他处室相继跟进，也把各自认为值得共享的推荐书刊摆了进来，"共享空间"的书刊不断丰富着，大家的思想也不断丰富着。

"在共享中共建，在共建中共享"，我们这个集体的核心价值观念就是共享，在这种包容性的文化氛围中，每个个体都在点燃自己照亮周围，践行着"以人的全面发展为中心"的正确理念，这是对我们组织文化的一种支撑和保证。

《共享笔记》

2009 年，委机关召开创建全国文明单位的动员大会，会后机关党委给每个支部发了一个笔记本，说是用于记录活动。我想如果我们开一次会就认真记录一次，应付检查是没有问题了，但效果可能不好，有时候真的详细记录了，看起来却像假的，这种形式有点令人尴尬，因为生动的争创活动到底效果如何，从记录本上很难看出来。

那么怎么记录呢？我的办法就是征求党员们的意见。一位党员说，司里同志们之间交流得还不够，这个笔记本可以成为大家思想交流的载体。交流得还不够？这是出乎我的意料的，但是这个建议很好。为此我们专门配置了一个笔记本，给它起了一个名字："共享笔记"。我在笔记本的首页上写了一句："贡献你的思想吧！你不因此而减损，我却由此获益必予回报。2009 年 7 月 23 日。"写完后我就把这个笔记本给了施春景，我说你爱写什么都可以，写了就往下传吧。随后她就写了一篇《那一刻，我的心甜甜的暖暖的》，她又传给了文铠。

我又跟大家温馨提示了两点：一是自愿传写不勉强，只是在一位同志那儿不要停留太长时间，因为别人还要写；二是要写就要手写，我手写我心，不要打印剪贴，《共享笔记》就这样传开了。

我真没有想到，这种流动的载体是那么受大家欢迎，很多没有机会说的话像流水般地跃然《共享笔记》上，谁想与大家分享什么就写什么，结果越写越多，包括在司里实习的同志，没有不写的。机关党委领导偶然听到我司有《共享笔记》，就说"让我看看"，看了他也写，工会主席看了也往上写，谁都可以写，工作学习生活思想无所不有，什么"下雪啦""行路难""国庆节有感"等等。几年下来，不知不觉我们写满了8大本，将近30万字。后来，党建读物出版社还编辑出版了《心灵的园地党建的平台》一书。说实话，我不认为我们的《共享笔记》内容水平有多高，但是它真实地记录了那些年作为中央国家机关的党员公务员在想什么、在干什么，真正成为了大家思想交流的一个平台。有人说，这是机关支部党建的历史文件呢！

这件事给了我很重要的一个启示：有什么样的环境就决定了有什么样的人。就这么一个流动的笔记本，你爱写就写，爱怎么写就怎么写，但所有的人没有不写的，也没有乱写的，连假话也不说，因为当你用你的手在本子上书写时，假话是可以看出来的，我们的党员不愿意做口是心非的人。这件事让我改变了一个固有的观点，长期以来都有关于性善还是性恶的争论，我一直认为人性是有性善和性恶之分的。后来我知道，人性本没有善和恶，你给他创造一个向善的环境，他就善；你造了一个恶的环境，他就恶，我们经历过不同时期、不同环境的人都会有这样的体会。《共享笔记》给我们党员提供的就是展示善的一面的环境，人心皆如此。可见作为一个组织、一位领导，创造环境是多么重要的事情，我们都曾经有过被环境污染的梦魇，难道还要让我们年轻的党员干部再重复我们的不幸吗？

至于我们的《共享笔记》后来发展到更大范围，成为微信网络平台的版本，那是后话了。

[链接]

《共享笔记》千里情*

《共享笔记》是我们宣教司的精神家园，即便在外不能回来的同志，一样可以感受到传递笔记带来的千里情意。

2009 年 9 月，我被派到安徽淮北濉溪县挂职，人虽然不在司里，可司里没有忘记我，张建同志会专门派人把《共享笔记》带给我，让我写上自己的感受。每当我在千里之外拿到这

---

* 作者莫丽霞，国家卫生计生委家庭司副司长。

份凝聚了全司人心意的笔记本时，除了迫不及待地想阅读前面同志所写的内容外，也热切希望能通过这个笔记本告诉司里同志：我在做什么，我在想什么。不论相隔千里，我们心意相通。

记得在2009年10月，我到银川参加全国婚育新风进万家活动经验交流会，司里同志大老远地把《共享笔记》带给了我。当时，接过笔记本，深感其中的分量，迟迟不敢动笔。最后，我写了一篇体会，谈了去濉溪的近况，介绍了当地风貌以及我对司里工作的挂念。我告诉同事们，我为自己能与濉溪这块神奇的土地结缘而感到幸运和自豪。与此同时，我也能感受到，濉溪近年来经济虽有发展，但还是相对落后；对人口计生工作比较重视，但基础比较薄弱；历史文化悠久，但知名度较低。虽然当时我还未被正式任命为副县长，明确分工尚待时日，但是我想我一定会倍加珍惜这个难得的机缘，不辱使命。

在宁夏时，我还在《共享笔记》中写到，交流会短短的两天时间收获良多，很欣赏司里同志们的精神状态。我用美国前总统肯尼迪的一句名言与大家共勉：不要问这个国家为你做了什么，而要问你能为你的国家做些什么。

我想说的是，我崇尚思想的力量，《共享笔记》给我们提供了一个表达和共享思想的载体。眼见本上的墨迹一天天多起来，它的厚重越来越难以估量了。厚重的不是纸墨，而是积淀的思想。正是这份思想，令我们的党建工作变得深沉厚重，并且因为充分的共享而更加多姿多彩。

〔链接〕

《共享笔记》再生记*

2013 年 5 月，随着两部委撤并，原宣教司同志们也随着分散到各个司局，原宣教司党支部大家手手相传的《共享笔记》也就断笔了。但是，共享的理念却深深埋在了我们的心中，这不，随着微信版"共享 e 站"的开通，微信版的《共享笔记》又开始了。

那是 2016 年 12 月 29 日，在卫生计生政促会的学习例会上，有同志提出，大家见面不多交流不够。张建同志提议在微信群里设立一个"共享笔记"，大家可以在这个栏目里交流思想、沟通信息，这个提议立即得到大家的赞成。为此，我立即请缨由我负责编辑和协调在群里发布，这是我非常乐意做的"苦差事"。

刚开始，是我们总会的同志们有什么心得或者见闻就发给我，我就发到群里的"共享笔记"栏目里，结果群里的群友见到了，感觉这种共享的方式非常好，可以不分时间、不用地点、不计场合，同时，传播的范围还非常广，于是，开始有群

---

* 作者王华宁，国家卫生计生委宣传司原巡视员、卫生计生政促会副秘书长。

友也把他们的故事发给我。我想，既然叫"共享"，有什么不可以的呢。结果一发不可收拾，各地、各级的群友们纷纷发来好多文章，当然都是比较短的。还有外系统的，反正都是党建和思想政治工作者，主题绝对没问题，内容可丰富呢！有工作、有学习、有生活，啥都有，有时一天能发五六篇稿。我算了一下，4个月编发了160篇。

现在的"共享笔记"，用的是新媒体，数量多、速度快，比那时的《共享笔记》更广泛、更深入人心。特别是"听书记说"引发的故事和评论，把我们的党建和思想政治工作推向了一个高潮，提到了一个新的水平。

随着"共享笔记"越来越受到大家的喜爱，越来越得到大家的认可，我们还适时推出了"娜娜心语"等专题笔记，浙江大学医学院附属医院的团支部书记朱娜，在"娜娜心语"中倾诉心声和身世，用真实的情感感动着群中的每一个人。目前，"娜娜心语"每三天就会推出一期，成了大家按时期待的共享，赢得了一片赞誉。

这真应了我们的初衷：各美其美、美人之美、美美与共、天下大同。

NO.12
支部书记能做什么？

"末位发言"制

这里说的"末位发言"，不是领导班子在讨论干部问题上"一把手"的"末位发言"，而是我的工作方法中最基本也是最重要的一条。

早些年我在直属单位刚当"一把手"时，工作积极、热情很高，经常夜里睡不着觉就想事情，会有很多突发奇想，自以为想法也是蛮不错的。第二天开会，我说的是小会议室里的那种会，党委会、主任会或是专题讨论会一类的，只要是我参加的会，我都是要把我的想法先说为快，你们看我多不容易，多么善于思考。我先说还有一个想法，就是想先入为主，希望大家都顺着我的思路说，不要和我对着干。

但是很不幸，每次我先说完，总会有不同的看法，有的补充完善两句，有的不认同我的想法，还有截然不同的反对意见，这让我心里很不舒服。我知道大家都没有恶意，都是为了工作，但是我很郁闷，至少说明了一点，就是我的水平不高，如果我的水平很高，说的都是十全十美的话，肯定就不会有不同意见了。

正在我为此懊恼的时候，一天我参加了委机关的一个会，是我们老主任主持的一个会，是在小会议室召开的。老主任主持开会有一个特点，就是让参会的同志都要说。1994年，我调入国家计生委的时候，在办公厅秘书处任处长，经常要列席这样的会。她会让每个人都发表意见，我坐在后排，她也会点名："张建你说说"，甚至对做记录的小刘："你也说说。"最后她才会说。说的人多，就费时间，有一次一位司长着急散会，跟我叨叨："这都几点了还让说。"不过我没意见，因为这样的会还让我说了呢。

这次会议，老主任又是让每个人都说，大家都说完了她才说："刚才大家都说了很好的意见，我现在概括一下：一、二、三……"我突然有一个感悟，她说得怎么那么好啊！我打心里认同她的说法，原来她不是先说而是最后才说，我想我回去试试。

第二天的专题会上，我就让大家先说，我一边听一边想，每位同志都说了，我最后才说，我概括了大家的意见再加上自己的思考，没有任何不同意见，我太高兴了！我不能先说，应该先让大家说。从此以后，这样的会议我都不再先说了，听大家说完后再发言，集思广益就较为客观全面了。之后十五六年，我一直享受在"后说"的愉悦之中。我想就我这样的能力水平，有这一条基本就够用了。一个人的聪明才智实在有限，三个臭皮匠顶一个诸葛亮，况且我们的党员干部个个不比我差，只要虚心认真听取他们的意见，还怕没有好主意吗？

把门人

2008 年的 5 月 21 日，汶川地震后的第 9 天，国家人口计生委举办了一场大型的抗震救灾义演活动，现场募集了 4000 多万元善款。当时这场义演是由我们宣教司具体承办的。在委领导的支持和指导下，全司人人献计献策，在我们到不了抗震救灾现场的条件下，集中大家的智慧和能力，仅用了 8 天时间，就组织了一场成功的"为了母亲和孩子"抗震救灾义演。

那场晚会，由于组织得当，气氛高昂，全场群情振奋，到最后全场起立，每人手里挥舞着一面小国旗，齐声高唱《歌唱祖国》。

我没有坐在会场前排，从晚会之前到最后，我一直在会场四周观察协调现场工作。因为到场的人太多，座位都坐满了，很多人只能站在后排观看演出，我也是一直在会场最后的小门边靠墙站着，直到义演结束，我实际就是一个"把门的"。在一些重大的会议和活动中，我经常充当"把门人"的角色，站在门口，帮助维持会场秩序，把控人员活动的情况，起到了实际的协调把关的作用。重要会议的"把门人"，这是我给自己的定位，实际看效果很好。

不做"叶公"

汉代刘向所著的《新序·杂事》讲述了这样一个故事：春秋时期，楚国有一个自称特别喜欢龙的叶公，他在他们家的房梁上、柱子上、门窗上、墙壁上到处都雕画着龙，他的衣服上也绣着栩栩如生的龙。天宫中的真龙听到这个信息，很是高兴，就降到人间来看望叶公，结果真龙一到叶公家里，叶公就吓得面如土色逃之夭夭了。这个故事是比喻一些表面上说喜欢某个事物实际上并不喜欢的人，引发了我对党建工作的一些思考。

党的建设很重要，特别是领导机关的党建工作，更是关系和影响着大局和整体，不能说不重要。但是在实际的工作中，我们可以看到一些"叶公"的表现。比如有的人虽然担任着专职的书记职务，却对党建工作毫无感觉，麻木不仁，在其位不谋其政；又比如说，有的单位已经好多年连正常的组织机构都没有建立，或者该换届的不换届，该改选的不改选，挂着一个党组织的牌子，实际没有开展工作，这也比较像叶公了；再比如说，对中央和上级党组织做出的部署和提出的要求，没有结合本单位的实际，只是重复着上级说的话，没有落实落小落细，或者只是说说而已，这也比较像叶公了；再比如说，对于很重要的"规定动作"，有的单位看似很认真，但只是认认真真地走过场，装模作样地搞形式，林林总总的叶公表现不胜枚举。

如果是一般个人的"叶公好龙"，那也影响不到其他人。但是党的书记的工作一定是关系到一个部门、一个单位、一个地区、一个系统的大局的。做表面文章不仅不能收到应有的效果，还会大大损害书记的威信和组织的公信力。这样的书记多了就会动摇执政党的根基。

有基层党委的同志跟我说："现在群众有说法：享乐主义好多了，奢靡之风好多了，但是形式主义依然严重。"形式主义说的就是我们日常党建工作中存在的问题，这个问题不解决，全面从严治党就不能做好。希望在党的建设的这个重要问题上，我们大家都不做表面文章，都不做党建工作的"叶公"。

其实就是做人

这么多年的体会，书记在支部党建中要做的，不过就是做人而已。其实很简单，就是平常心，你是书记，你就要以身作则，要求别人做到的自己先做到。我是支部书记，心里就要有全体党员；我又是司长，心里就要有全司同志。没有这一条，其他都免谈。各方面工作安排需要照顾到所有人，特别对新来的、年轻的、脾气各色的、工作边缘的同志尤其应该挂在心上。在司里不搞小圈子，不搞跟谁亲跟谁近，所谓"一碗水端平"；我从来都是开门办公，谁有什么事来了坐下就谈，所谓"办公室没私密"。

我在司长当中能力平平，要完成繁重的工作任务，唯有调动全体同志一起干，这就必须通过支部党建凝聚人心，"己欲立立人，己欲达达人"。一个领导，让你的部下行了，你不行也行了；一个支部书记，你的支部党建搞好了，你的业务工作也就好做了。这些年我个人没有什么业绩，只是创造条件让大家每一个人都动起来，结果每个人的业绩都很棒，我自己也很有成就感。

[链接]

榜　样[*]

2011 年 7 月，我陪同张建同志参加青海省人口文化"花儿"演唱会，之后对基层进行了 3 天的调研。这 3 天，亲眼所见张建同志走一路宣传一路，走一路倡导一路，一些画面永远定格在我的记忆中。

画面一：23 日，到达门源县服务站时已是下午两点多，当

---

[*] 作者施春景，国家卫生计生委家庭司原巡视员。

地领导说基层同志热切希望"国家的领导"能够看一看他们演的小品、唱的"花儿",说想请我们看完节目再吃午饭。节目演完后已是下午 3 点,张建同志不是鼓鼓掌站起身说几句"好,好"就走人了事,而是不顾我们还未吃午饭,热情地招呼这些干部群众落座,亲手端上放在我们面前的水果,让他们边吃边跟他们拉家常,并按他们的要求与他们合影。

画面二:24 日上午,在西宁市城西区西北园社区考察,张建同志长时间站在高原强烈的紫外线下,一点一滴指导社区的户外宣传,让他们给户外环境"洗好脸"。

画面三:24 日中午,张建同志边吃午饭边向青海"花儿"研究会同志了解"花儿"的有关知识,不时放下筷子拿起笔做着记录。

画面四:24 日晚上用餐前,张建同志又召集省、市、县几级干部围坐在餐桌前,打开自己随身携带的电脑,请他们看户外宣传做得好的环境、雕塑、标语等图片。

画面五:25 日,在去往黄南州的河南县参加人口文化节的路上,美丽的草原风光他不叫停车,而看见藏汉双语的人口计生宣传墙他连叫停车,亲自下车去拍摄,说要向各地推介宣传。

最令我感动的是,25 日晚,我们乘飞机离开西宁。3 天里 1000 多公里的高原奔波,使我疲劳至极,上了飞机便睡着了,而张建同志却打开电脑写起了参加青海人口文化"花儿"演唱会的文章。一下飞机他就对我说："看看我写的文章，有没有修改意见，没有意见我就给司的'共享e站'发过去。"

有一种工作态度叫积极，有一种工作精神叫忘我。3天的青海之行，我在张建同志身上看到了这种态度，这种精神。什么是榜样？这就是榜样！对比他，想想自己，真的差距好大，真的值得自己好好学习，学习一辈子。

〔链接〕

我们的"班长"*

在现实世界里，领头羊、排头雁的举动往往牵动着整个群体的命运。近年来，宣教司各项工作之所以取得长足发展，得到委领导和上级领导的充分肯定，特别是党建工作受到了中央领导同志的高度评价，主要是我们有一个好班长，有一个坚强的战斗堡垒。

回顾多年来的宣教工作，我们在张建同志的带领下，充分发挥党支部的战斗堡垒作用，统一思想，凝聚人心，与时俱进，创先争优，确保了宣教工作一步一个脚印，时时有火花，年年有创新。他用先进的观念引导人，用真挚的语言鼓舞人，用实际的行动带动人，用科学的制度管理人，善于学习，率先

---

* 作者顾法明，中华医学会纪委书记。

垂范，表现出一个领导者卓越的才能和个人魅力，他是我们这个团队的核心和灵魂。

在党建工作中，宣教司党支部注重党员教育，强化支部建设，重视青年工作，集思广益，发扬民主，充分调动每一个人的主观能动性和创造力，最大限度地发挥个人潜能，打造了一个创新的战斗集体。作为"班长"，张建常说：我没什么本事，支部建设的成果来自于大家的共同努力。

这就是我们的"班长"，这就是我们的党支部，作为支部的一分子，我感到很自豪。

NO.13
书记的廉洁自律要注意什么？

断后路

2000年前后，我在直属单位当"一把手"。一天，委纪检组领导找我谈话，说有人匿名反映我的问题，原来是有一位职工提出了我的17个问题。我一听，这些所谓的问题在班子里和相关部门都是知道和清楚的，这不是故意找我的茬吗？我的心里有些恼火，认为用匿名的做法是用心不良故意跟我过不去。我对匿名质疑的17个问题一一做了说明，希望组织调查澄清。纪检组领导让我正确对待。

这件事引发了我的反思，为什么会出现这个问题？这位匿名职工给我敲了一个警钟，它告诉我，有人盯着你！当了"一把手"不能任性，别搞什么猫腻，否则很危险，这么一想，内心深处倒是非常感谢这位匿名职工，就在我刚当"一把手"的时候给我提了个醒。同时我又想，为什么没有问题的事情会成为问题呢，那是因为这些事很多人不知道，有的职工就有疑虑。既然没私心，为何不公开？我向纪检组说明了情况，感谢匿名职工和纪检组对我的帮助和提醒。随后我在班子里说了这件事，并和大家一起议定了一条规矩，实行三个公开：财务公开、事务公开、党务公开，并宣布我不直接管理财务。后来我在职工大会上对这 17 个质疑一一做了说明，并真诚感谢和欢迎所有职工对我本人和班子进行监督。

做完这一切，我真的松了一口气。在如何保证自己不犯领导错误的问题上心里有了底，最好的办法就是断了自己的"后路"，不任性，不侥幸，甩掉包袱轻装上阵，由此带领大家一路向前。如果还想给自己留点儿"后路"，真难保证不出问题。我真心感谢对我有意见和盯着我的人，正是这些人时刻提醒我小心谨慎不能任性。同时让我认识到，作为领导特别是"一把手"，大家都在关注你，因为你的行为与单位发展和全体职工的切身利益息息相关，所以必须主动地而不是被动地接受全体干部职工的监督。

由此，公开成了我的工作原则和常态，为此赢得同志们的信任和支持。后来到了宣教司，第一条还是公开：司务公开、政务公开、党务公开，接受大家监督，确保不出大问题。退休后我到了社会组织兼职，依然坚持"三公开"：事务公开、党务公开、财务公开。接受多方面的监督，防止出现工作作风和廉洁自律的问题。

我们司的"三公开"：司务公开、政务公开、党务公开，已经成为支部党建工作法的重要内容，司里每年的经费预算都经过公开讨论民主决策，这也受到了委里的表彰和推广。司里每一项的经费预算和使用情况都公开并将责任落实到具体人，保证经费使用的科学性和严肃性，这也是我们党风廉政建设的一个重要内容。

关于"三公"

这两年，我受委党组指派督导和巡视一些直属单位，听到了一些单位群众反映领导干部公车私用的问题。对此，有的领导同志认识到位，公车就是公车，不能私用。但也有的领导认为，领导自己开车客观上还给单位节省了开支，这也是事实，但群众还是有意见。有的单位领导还自觉交付足额的费用，认为没有占公家的便宜。即使这样，仍然不能完全消除群众的疑虑，他们还是对领导公车私用有微词。有一位领导跟我说，他确实用公车捎过家人，但没有多走一米的路，难道也不行吗？我们听听群众是怎么说的，有群众说，你的家人总有一定分量吧？就算50公斤，载一程总会多耗一点汽油吧？这多耗的汽油哪怕只有一元钱，也是你不该贪占的，因为那一元钱里有我的13亿分之一，我就不让。这种说法有道理吧？

严禁公款旅游、公款吃喝、公车私用，无疑是必须的。有人觉得过严了，说明我们过去的要求太松了，关键是一些领导干部对这件事情的性质没有认识到位，或者说宣传教育没有到位。之所以私人不能占用公家的一分钱，首先要明白公家的钱是从哪里来的。因为公家的钱来自人民，准确地讲是全体纳税人的钱，你私用哪怕一分钱，都是侵占人民的利益，这是最基本的公职教育。长期以来，我们缺失这样的教育，以为公家人用点公家的钱没有关系，如果知道公家的钱属于 13 亿人，恐怕就知道为什么不能随便占用分毫。

中国共产党申明"全心全意为人民服务"是党的宗旨，即使你不是"公家人"，但你是党员，就不能违背党的宗旨。牢记我们是全体人民奉养的，加强这方面的教育，就会想通和处理好这个问题，这个道理古今中外概莫能外。

〔链接〕

还是公开好*

2008 年 8 月，我结束 3 年援疆工作回到司里，司里实行了三公开：司务公开、政务公开、党务公开，其中很重要的司务公开中有一个财务公开。张建同志跟我说，一把手不能亲自管理财务，希望我能在财务工作的管理上负起责任。他说我熟悉财务工作，又热心细致，办事比较公平公正，我听了很感

---

* 作者王华宁，国家卫生计生委宣传司原巡视员、卫生计生政促会副秘书长。

动，一把手下决心不搞猫腻，这么信任我，那我当然就爽快答应了。

司里的经费说多不多，说少不少，真要管好不出问题，确实让我操了不少的心。比如：司里有一项主要的专项经费，用于全国婚育新风进万家活动，在上报预算经费时，司里都是先由处里同志提出初步意见，然后要召开全司大会集体讨论研究，充分听取大家的意见，看是否符合工作实际，绝不搞司长一言堂。有时，会有一些单位的领导或省里的同志找来希望能得到项目支持，张建同志总会告诉他们："司里的财务全是公开的，还要根据工作情况大家来讨论，我说了不算。"一来二去，还真的没有人再找他了，因为，经费是由全司讨论、集体决定的。

张建同志每次都会认真地听取我的意见，当然他也会听取大家的意见，最重要的是，这里没有他个人的利益，而且坚定地实行公开的原则。我在严格把关的同时，还要协调不同部门和同志之间的关系，保证不违反财经纪律和不犯错误，同时还要用好经费促进工作。

那些年，我分管的财务工作没有出现什么问题，主要还是得益于张建同志倡导的三公开，委机关还肯定和推广了我们的做法。

还是公开好。

NO.14

支部委员的作用如何发挥？

志同道合

志同道合指的是人与人相互之间志向志趣相同、理想信念契合。按说作为国家机关干部，都是"公家人"，又都是党员，志同道合是很自然的事。由于多种因素，实际上机关里什么人都有，一些不适合当"公家人"的也进来了，所以相处要想志同道合也不是很容易。我工作了 40 多年，在 10 个不同的单位部门干过，很有体会。我在宣教司工作了七八年，这是一段十分难得的经历，弥足珍贵。

支部党建抓不抓、抓得怎么样，书记是关键，但光靠书记一人绝对不行，支部一班人必须志同道合。

我们支部十三位党员，支委 3 人，除了书记，还有组织委员和宣传委员，这是支部的领导班子。支部班子的组成和行政班子的组成有很大的不同，它不像行政班子成员那样由上级任命，支部委员是党员们选出来的，这就决定了支部委员是得到公认能够为大家服务的好党员，这一点很重要。有的支部班子是由上级指定，没有尊重党员的意愿，这是违反《党章》要求的。

支委的作用怎么发挥？或者说支委的宝贵资源和价值如何体现，我的感受是很深的。我们支部刚选出支委以后，我和组织委员、副司长施春景同志个别谈话，她表态一定尽力协助我一起做好支部工作。她是真心诚意的，这不仅是口头上的表态，更重要的是她用行动实践了她的承诺，她在丰富支部建设工作思路和方法上支持、帮助我。许多我想不到的，她想到了；许多我没说到位的，她补充说到位了。我的思维方式比较简单，工作作风粗细不匀，她都能以一位女性特有的细致帮我"拾遗补缺"，让我受益匪浅。

宣传委员杨志媛同志，也是我们支部党建很重要的角色。日常的活动和学习都是她在具体操办，她总是毫不含糊圆满完成工作，一旦有什么硬任务，或者是难办的事，我就想起杨志媛同志，离了她好多事情办不成。2009年庆祝新中国成立60周年的彩车游行，我听说彩车队伍里没有人口计生彩车，很着急，但这是国庆组委会的安排决定，你能改变吗？我很沮丧。但杨志媛同志却表现出了异常的坚韧和坚强，她主动承担了协调增加"人口计生"彩车的任务，最后终于实现了"人口计生"彩车的加入，而且迸发了许多亮点火花。没有她百折不挠坚韧的精神，那是不可能完成的，为此她荣立了个人三等功。

后来杨志媛同志升任机关党委当工会常务副主席，王华宁同志接任了宣传委员。王华宁同志特别善于做深入细致的思想工作，她做的都是我想做但做不了的。那年中央国家机关举行公文大赛，我们司获得了包括一等奖、二等奖、三等奖、优秀奖一共 20 个奖！我相信没有其他支部能获这么多奖的。过后我问起来，才知道是王华宁同志下了功夫，她把每一位同志的文章都过了一遍，当时不在单位的同志的文章她尤为用心，把认为写得好的都挑了出来，即使在单位的同志本人都没有那么在心，她都精挑细选好中选优，最后将全司参加比赛的文章一起报送，所以送评的文章都得到了好评，获奖多多。最可贵的是，她没有向谁炫耀过，她自己只有一个优秀奖，我知道后对她说："你这是无名英雄啊！"她说："我最适合当无名英雄，为他人做嫁衣，我愿意。"好多同志都受惠于她这种无名英雄式的帮助。

难得默契

我对年轻干部"无意识差错"的行为很在意。所谓"无意识差错"，就是明文没有规定、当事人不以为是错的行为。我自己年轻的时候，犯的"无意识差错"特别多，许多现在年轻干部犯的"无意识差错"我大都犯过，因为不是故意，又没有人指出，很多是我五六十岁才觉悟的，很是懊悔但为时已晚。

所以一看到年轻人犯"无意识差错",我就会指出或提醒,觉得只要是为他们好,不太考虑他们是否能够接受。实际上这里有一个方法问题,如果不得法,效果也不好,作为书记,恐怕这种简单的方式还是应该改进的。每当这个时候,施春景、杨志媛、王华宁3位支委总会有人为我"拾遗补缺",所以她们会说"唱完黑脸唱红脸"。其实不是红脸黑脸的问题,是工作方法对"度"的把握。度是为人处世做好工作的精妙之道。但是从另一个角度讲,我们支部党建工作做得好,党员的积极性高,也真是得益于书记与支委之间的密切配合和相互支持。

[链接]

他当黑脸我当红脸*

2006年的"关爱女孩万里行"活动中,我们翻山越岭,一路宣传,连续走了7个省,到达最后一站贵阳时召开了一个小结会。张建同志在肯定了大家的表现之后,指出我们司的同志主动和群众接触不够,特别对有的年轻人缺乏锻炼、学生气浓的现象提出了严肃的批评,一位刚入职的年轻公务员经受不住哭了起来。

当时我真担心他们经不住这记重锤,连夜劝导安慰。事后

---

* 作者施春景,国家卫生计生委家庭司原巡视员。

101

我对张建同志说："这些孩子在学校都是佼佼者，从上小学到大学可能就没受过什么挫折，现在又百里挑一、千里挑一地考入公务员，哪受得了这么严厉的批评？"而张建同志说："响鼓也得重锤敲，越优秀的年轻人越应该多敲打，让他们学会接受批评。"他说，这是人生必须有的历练。

张建同志对司里的干部，特别是年轻公务员要求严格，经常批评起来不留情面，有时我怕他们接受不了，等张建同志批评之后就找他们谈谈心，安抚安抚，鼓励鼓励。张建同志知道以后，不但不埋怨我背后"做好人"，还跟我约定说："好！从此以后，我当黑脸，你就当红脸。"听了这话，我真心被他的无私和大度所感动。

NO.15

党小组如何开展活动？

组长很重要

我们支部有两个党小组，大致按照业务处室分工组成，每个小组六七位党员，小组长是大家选出来的。选小组长是件很重要的事，因为党小组能不能为党员服务好，能不能有效开展活动，小组长具有决定性的作用。

我们有两位党小组组长，一位是石雅茗，一位是罗迈，他们两个都是大家公认的好组长，党的意识很强，又都非常热心为大家服务。我在罗迈那个小组，感觉小组的活动比支部还热闹，公益活动比较多，但是都跟他们的业务工作有关系。没几天，他就来跟我说，要给贫困女孩捐衣物，过几天，他又请来了村里的干部群众和我们见面座谈，又没几天，他又组织我们到昌平看望"北京女孩"，那是"关爱女孩行动"的一部分，两位女孩在我们小组的关爱下一路走来，直接推动了当地和全国的综合治理出生人口性别比工作。罗迈同志在我的印象中，最深刻的不是"性办"主任，也不是调研员，而是党小组组长。因为和业务工作紧密结合，即便感觉活动有点多，那也没说的，因为都是应该做的好事。

石雅茗同志是第一党小组组长，她是主任科员，虽然职级不高，但是大家都尊重她，因为她的为人和工作精细都是我们学习的榜样。我们的委领导就在她这个小组，我有时会被邀请参加他们的活动，别的不说，感受学习小组活动的氛围，已经是很享受的了。两个小组的活动比较明显地带有处室业务工作的特色。有一次，"救助贫困母亲"活动倡议社会资助捐款，罗迈所在党小组主动捐款，以至于接受捐款的单位以为我们说错了，填写收据时把党小组写成了党支部，留下了一个故事背后的故事。

关于党小组的事，更多的还是听听他们怎么说的吧。

[链接]

党小组故事二则[*]

宣传教育司党支部设立了两个党小组，同志们选举我为第二党小组组长。在中央国家机关里，支部下设党小组的应不多见。别看党小组组长职务不高，可我知道，党小组工作开展得

---

* 作者罗迈，国家卫生计生委离退局服务处调研员。

好坏，直接关系到支部党建的成败。因此，我努力当好党小组组长，开动脑筋积极开展党小组活动，这里仅讲两个我们党小组的小故事。

故事一：先说说我们党小组热心资助北京市昌平区贫困计划生育家庭的两个女孩小雪和晓桐的故事。小雪母亲身体一直不好，父亲因交通事故赔光了家里的所有财产；晓桐爸爸是护林员，每个月只有300元微薄的收入。但两个孩子学习非常努力，成绩在班上一直名列前茅。近些年，为了综合治理出生人口性别比升高的问题，我们开展了"关爱女孩行动"，于是我们就以党小组的名义与她俩开展了"结对子帮扶"活动，定期拿出一部分工资资助她们，经常赠送书籍、衣物等，并与她们谈心交流，帮助她们解决思想上和生活中的问题和困难。在我们的关心帮助下，几年后，小雪考上了首都医科大学，晓桐考上了首都经贸大学。如今她们已经大学毕业走上工作岗位，并且也成为了热心帮助他人的青年志愿者。

故事二：一次，我从《中国人口报》上看到一个关于贫困家庭女孩因贫失学的报道，心中久久不能平静。我与党小组同志们商量，能不能用捐款的方式表达我们的爱心，哪怕是杯水车薪，也能够给贫困家庭女孩送去一丝温暖，促进她们生活的改善，大家积极响应，一致同意捐款。我又主动与中国人口福利基金会联系，送去我们党小组党员的捐款，钱虽不多，却是我们的一片心。基金会的同志感动地说："你们是迄今为止第一个以中央国家机关党小组名义进行捐款的单位。"

爱心温暖人心，哪怕是微薄的付出，也总能让人心生暖意。作为宣教司支部的党员，通过我们的实际行动带动更多的社会人士关注、关爱贫困家庭，这是我们的初心。在开展党小组活动中，增强了责任意识，同时也促进了支部的党建工作。

[链接]

雅茗姐[*]

石雅茗同志是宣教司的一名党小组组长，我和司里的其他年轻同志们喜欢叫她雅茗姐。因为她不仅是一位尽职尽责组织小组活动、为党员服务的"组长"，更是一个在工作和生活中处处与人为善、给人以积极力量的大姐姐。我想说说我和雅茗姐之间的故事。

最初对雅茗姐的好感是因未曾谋面时一条短信生出的。那时，单位的招录结果已经公示但还未通知报到，等待的日子里我既兴奋又略带紧张，直到收到这样一条暖心的短信："玉冰你好，我是宣教司的石雅茗。中午怕你带孩子不方便接电话，麻烦你方便的时候回个信息，关于报到的事情。"细心的雅茗姐，连我在哺乳期、中午要哄孩子午睡这样的小事都考虑

---

[*] 作者姜玉冰，国家卫生计生委宣传司健康促进处主任科员。

到了。一条充满浓浓人情味的短信打消了我初来乍到所有的紧张与不安。接下来的日子，雅茗姐帮我张罗住处，带我熟悉环境，了解工作流程，感觉到我的吃力时便用微笑鼓励我，一遍又一遍地解答我的问题直到我熟记——那些繁琐的问题，事后想起连我自己都觉得很"招人烦"。

雅茗姐的好不仅仅是某一时对某一人，她的好是全委公认的。几乎委里每位同事在得知我是宣教司新招录的司秘书后，都和我说："你们原来的司秘书石雅茗特别好，好好跟她学。"司秘书工作是繁忙和琐碎的，可她再忙也总是不忘为他人着想，总是微笑着面对工作——不论是领导交代的还是同事来不及完成需要帮忙的，又总是那样坚强地奔走在工作岗位和父亲的病床之间，未曾听过她一句抱怨和诉苦。假如只有一个人或几个人夸她好，肯定含有个人感性的因素；但是绝大多数人都夸她好时，便只有一个原因——大家都认同她的为人与品格，钦佩她骨子里的善良、细腻和坚韧。

因为有这样一位党小组组长，我们的凝聚力格外强，大家都积极参与党小组和党支部活动。我接过了雅茗姐的司秘书职务，虽然无法成为另一个完全一样的她，但是我会努力让自己变成一个像她那样的好人，连同她的善良、细腻和坚韧也一并传承下去。

NO.16
如何建设"党员之家"?

找回"家"的感觉

有一年机关举办迎春节联欢会，大家不约而同地想到了"家"。全司同志全体出动，共同表演了一个"家"的节目，表达了对团队大家庭温暖的认同。

在我的印象中，早些年里，单位和组织有一种家的感觉。我们把单位的人事部门叫"干部之家"，组织部门叫"党员之家"，工会是"职工之家"，青年团是"青年之家"，妇委会是"妇女之家"。现在好像不这么叫了，关键是已经没有这种感觉了。有人说那是计划经济的产物，组织和单位大包大揽的时代已经过去了。我认为这和大包大揽没有关系。归属感是作为一个人的基本需求，一个人在单位和组织里，有没有家的感觉，就是有没有归属感的问题，这是直接关系到个人和组织能否正常并相互依存健康发展的问题。以上所说的那些组织，过去有"家"的感觉，现在的年轻人没有经历过已然没有感觉了。近年有一项调查显示，单位职工在遇到困难的时候，首先想到的是家人，然后是朋友，想到组织的不到 10%。单位和组织内的成员没有归属感，即便表面上一团和气，内心却各有盘算，形聚神散了。

支部如果不能成为"党员之家"，那要支部干什么？如何建设"支部之家"，这是需要我们认真思考和实践的。我们大多数人有过在一个组织里不太愉快的体验，虽然有不少是自身的不足造成的，但组织的责任和作用却是重要和不可推卸的。我在年轻时有过这样的经历，一面在碰壁遭受挫折，一面幻想着拥有自己理想的小环境。在办公室 8 小时，通常不止 8 小时，应该是我们生命的一部分，我们没有理由不珍惜，没有理由把上班和下班截然分裂成人生的不同部分，那是很悲催的。所以在尽可能的情况下，我决心给自己和他人创造一个良好的环境，让我和大家都能快乐工作、快乐学习、快乐生活。

那些年，我们司里的几位司级干部，每天 7 点就来上班了。其实不是故意要早来的，我住在北五环外，迟走 10 分钟，就要多费 40 分钟，所以 6 点半就出门了；施春景是她爱人上班顺路把她捎来的，放下她还要赶去自己的单位；莫丽霞住在西二旗，路途遥远不敢跟车流较劲，早早就来了；王华宁家离得不远，她习惯早起，起来就想早点到办公室。我们来到办公室都有事情做，很享受早晨上班前的那一段寂静美好的时光，感觉空气中弥漫着温馨和力量。谁说工作就是干活儿甚或受罪呢？我们的工作是一种期待，是人生的体味，是生命的艺术，这么说是不是有点过了？但是我就是这么认为的。

优势效应

看一个人，可以从多个角度来看。如果独立客观地看一个人，很容易看出他的优点和不足。但如果从一个团队的角度看一个人，看法就会不一样，比如他在团队里的地位和作用是什么？他的优势如何发扬和放大？他的不足如何减弱和消除？

优势效应就是在一个团队里相互补台。假如只发扬一个人的优势，放大他的优势，他的不足相对地就被忽略了，他不是没有不足，而是在他的优势凸显下，他的不足被掩盖掉了。假如在一个组织内，发挥每个人的优势，用其所长避其所短，这种集体优势就会弥补个体劣势。这种优势互补、相得益彰的情形很有意思，一个人是做不到的，而一个团队可以做到。所以有人说，没有完美的个人，但可以有完美的团队。

我在做支部书记的几年间，有意识地把宣教司党支部建设成这样一个团队，尽量发挥每一名党员的优势，放大他们的优点，淡化他们的弱势，缩减他们的不足。当然，不一定做到完美，但是我尽力去做。

[链接]

值得留恋的"党员之家"[*]

基层党支部相当于党组织的终端，支部建设直接关系着党员作用发挥和群众对党的拥戴，支部党员的言行直接影响到群众对党的形象的判断。如何评价支部党建的成效只要看看党员的精神面貌，听听群众对党员特别是对支部书记的评价，很容易就会得出大体结论。

我虽然 2012 年调离宣教司，但始终对宣教司具有特色的支部建设怀有深深的留恋。我认为，宣教司支部建设最突出的特色有三点：一是有一位称职尽责的好书记；二是支部内浓厚的民主氛围；三是重视培养发挥青年人作用。

张建是 2006 年任宣教司司长的，也是宣教司党支部书记。2006 年，在经济话题占据各个角落的形势下，张建依旧按照他"众人拾柴火焰高""集思广益求完美"的思路，抓住支部建设的牛鼻子，一干就是七八年，直到退休。他为支部的党内民主生活营造了宽松环境，形成了在上级党委领导下的支部生活内容丰富、形式多样的局面。"支部党建党员说了算"对创立"听说读写练"及"精细"工作法，对"共享空间""共享

---

* 作者文铠，国家卫生计生委规划司原副巡视员。

e 站"等活动形式起到了催生和滋养的作用；把理想与工作无缝结合赢得了"综合治理出生人口性别比偏高问题"、积极力争把人口问题摆上新中国 60 周年庆典彩车等业务工作的突破和成功。

青年是国家的希望，是世界的未来。新陈代谢是万物延续进化的自然规律，今日的青年是未来的脊梁，青年决定着未来，是未来的主宰。宣教司党支部正是抓住了青年充满活力和生机的特点，及时发现和培养虽有些稚嫩但充满热情的青年苗子，给他们以磨炼摔打的机会，冲破机关论资排辈的潜规则给他们的重担，不但"挤压"出他们的潜能和主动性，而且让他们充分享受成功的快乐，增强自信，而这种自信又给予他们向新高峰攀爬的勇气，加速了他们由青涩走向成熟的进程。

〔链接〕

最美同理心[*]

2007 年春天，宣教司举行了首次演讲比赛。当时正值倡导建设和谐社会，在一个团队中，建设和谐文化至关重要。但是，从哪里切入呢？我想起了费孝通先生在谈到不同文化相处之道时说过的一句话："各美其美，美人之美，美美与共，

---

* 作者莫丽霞，国家卫生计生委家庭司副司长。

天下大同"，于是，我的演讲题目定为"费孝通的和谐思想漫谈"。

"美美与共"的和谐共享理念首先得到了张建同志的高度认同。好的理念，需要实践。在他的倡议下，我为支部设计了一个"共享空间"——办公室一角的一个简陋的书架，每个人把希望与大家共享的图书等资料集中放在这个书架上。

6年来，从办公室"共享空间"到"读讲一本书"活动，从"我说时事"到"我来主持"，从《共享笔记》到"共享e站"，我们共享的不仅仅是知识和信息，还有思想和感悟，共享的层次不断深入，共享的空间越来越大，在共享的过程中，团队的价值观正在最大限度地趋同。

在《共享笔记》的字里行间，我们可以感受到每个人思想的光辉，如张建同志的"执两用中""立己达人"，金婷同志的"生逢其时，唯有找准正途"；可以分享到每个人作为宣教司团队一员的骄傲和幸福，如施春景同志的"我爱每一片绿叶"，蔡菲同志的"一枝独秀不是春"。

我一直认为，最理想的工作就是能与一群有着共同的价值取向和精神追求的人一起共事，换句话说，我希望所在的工作团队拥有共同的核心价值体系，这是我们快乐工作的前提和基础。

这种理想的团队是可遇而不可求的。但是，有一天，我欣喜地发现，自己其实已经生活在其中了。经过几年的共享，我们团队的核心价值体系已经逐渐明晰。

虽然我还不能完整地说出这个核心价值体系包括哪些方面，但是，有些价值取向和追求在我们的团队中已经得到了高度的认同。

我们崇尚协作精神，因此，在我们的团队中，无论是领导还是一般干部，只要需要，每个人都能在第一时间得到其他同志毫无保留的支持和帮助。

我们崇尚和谐文化，因此，同事之间的理解和包容就多了，隔阂和误解就少了，我们不必再为人际关系不和谐而烦忧，可以把全部精力投入到工作上。当然，我们也深知，和谐不是为了避免矛盾而一团和气，只要有利于工作，即便有不同意见，我们也可以毫无顾忌地表达出来。

在宣教司"共享园地"的墙上，挂着一块方匾，上面书写着两个醒目的大字——"共享"，它凝练地表达了大家对支部核心理念的高度认同。"美美与共"是一个永无止境的过程。我深信，只要我们大家始终不断地强化这个理念，我们的核心价值体系将更加完备，我们的工作环境将更加和谐，我们的团队将更加有凝聚力和战斗力。

NO.17

机关党建和文化建设是什么关系？

党建引领

文化的概念非常宽泛，有宏观、中观、微观之分。宏观大到人类精神文明和物质文明的总和，微观小到一般的文化知识。机关里的文化建设应该属于中观层面的，既包括制度规范，又包括一般的文化活动，当然最重要的还是党员队伍思想观念的层面，它通过制度、行为和环境等形态表现出来。

文化建设是党的建设的重要组成部分。可以说机关党建涵盖了机关文化的方方面面，同时机关文化又体现着机关党建的方方面面。两者交叉相互覆盖但又有所区别。机关党建的目标很明确：服务中心，建设队伍。机关工会、妇委会、共青团等群众团体的活动，都是机关党建的范畴，也是机关文化建设的内容。机关文化建设是机关党建的有力载体和推动力量。机关的文化建设是一个长期积累的过程，又是一个潜移默化的过程，在一个较长时间段内逐渐形成共同的思想理念价值观，形成一定的心理态势和舆论环境。这个潜移默化的过程不一定引人注意，但力量巨大，直接关系到整个队伍和整个事业的发展与成败。

机关文化是机关党建的重要组成部分，承载着机关思想政治工作的重任。作为机关文化建设主体的党员公务员，思想作风能力本身就是党建"建设队伍"的内容要求。有些时候，一些领导用文化建设替代党的建设。有些同志说起文化显得轻松愉快，生动活泼，说起党建逻辑不清，底气不足。机关里除了业务行政工作以外，相关思想和文化建设的工作，比如精神文明建设、司处文化建设、思想政治工作、文体活动等等，都是机关党建的范畴，应该是清楚的不模糊的。我的印象里，支部是没有什么不可以过问的，特别是一些思想文化的东西，可以管也应该管，比如处室精神文明建设、工青妇工作等等，都是直接抓的事情。思想政治工作更像空气一样时时刻刻都在产生影响，这是不能否认的事实，客观上党建也承担着这些任务和责任。机关支部要在党建引领下开展文化活动，搞好文化建设。

我们参加委机关的诗歌朗诵会和乒乓球比赛等，都是工会组织开展的，也是文化建设的一部分，还有青年论坛、美好家庭评选、党外人士座谈会等等，都可以说是机关的文化活动或文化建设，这些都是在机关党委的直接领导和引导下开展的活动，这样看来，就不难理解机关文化建设和机关党建的关系了。

枝繁叶茂

支部党建要通过各种多样的文化活动来展示，就像树枝和树叶的关系。只有党建的枝干健康了，文化建设的花和叶才能繁茂。我理解以文化人，好的风气关键在领导，所谓"躬行于上，风动于下，谓之化"，就是领导在上面以身作则，群众就会在下面学习模仿，这就是化，文化建设和党的建设都是这样，上级领导特别是中央国家机关的引领作用尤为重要，上差之毫厘，下谬以千里。

让好的思想文化入脑入心形成风气，塑造党政机关应有的良好形象，特别要注意不搞形式主义，紧紧抓住"转作风、正学风、改文风"这个关乎党的事业成败的切入点，推动党政机关文化建设，引领全社会文化风气健康发展。

文化建设需要好的品牌总结推广。长期以来，我们支部倡导的"在共享中共建，在共建中共享"，是"共享文化"；我们经常开展的"读讲一本书"活动，是"学而共习之，不亦说乎"的"乐学文化"；我们"精细办会、精细办文、精细办事"的"精细化工作"系列，是"求精文化"；我们的"老同志关心帮助年轻人进步，年轻人尊重支持老同志工作"，是"和谐文化"……这些品牌都是文化建设的品牌，也是支部党建的品牌，因为这些活动或倡导都是以支部的名义来组织实现的。

〔链接〕

行为宝典[*]

俗话说"没有规矩，不成方圆"。宣教司有一本《内部管理制度》和一本《党员手册》，全司每位同志人手一册。《内部管理制度》是行政工作指南，其中有组织建设、学习培训、调查研究等规章制度，还有司务公开、政务公开的要求，以及经费使用的相关规定。《党员手册》是支部党建工作的阀门，其中不仅有入党誓词、《党员领导干部廉洁从政若干准则》、党的基本知识等，还收录了支部每位同志的照片和格言，以及宣教司"作风建设和廉政建设系列漫画"的全部作品。这些内容丰富、形式活泼的手册，是全司同志不可或缺的好帮手。

随着形势的发展变化，支部注意充分听取、广泛收集大家的意见，集中大家的智慧，不断充实完善两本手册的内容，逐步加入了精细化工作理念和"党员主体"工作法等相关内容，更加体现了支部党建与业务工作的有机结合，搭建了党建工作服务中心、锻炼队伍的平台，为提高支部党建的科学化水平提供了一个强有力的制度保证。这两本不同寻常的小册子，成为了我们大家的"行为宝典"。

---

* 作者杨志媛，国家卫生计生委直属机关党委工会常务副主席。

〔链接〕

五人同时上台发言[*]

大家经常参加各种会议，也经常组织各种会议。在安排大会发言的环节时，一般怎么设计？答案似乎很简单——首先定好发言人，明确先后顺序，一个登台讲，其他人在下面听；结束后下一个再上来，车轮战、流水线，很正常啊！可是原国家人口计生委宣教司不一样，搞了个5人同时登台讲！这可不是开联欢会说相声、演小品呢，而是非常严肃的全委党建工作会议。

那是在2010年，原国家人口计生委举行了一场创先争优工作经验交流汇报会，一共安排了8个司局发言，每个司局发言10分钟，宣教司是其中之一。按照惯例，理所当然地应该由支部书记代表全司登台发言。但宣教司支部认为，开展创先争优活动是全体党员共同的事情，活动效果好不好，普通党员更有发言权。于是支部向机关党委申请，能不能让普通党员也登台发言？这个想法得到了机关党委的支持，但明确要求不能超出每个司局的规定时间。

机会摆在面前，我们开始精心地准备。经过认真讨论，支

---

* 作者姚秉成，国家卫生计生委办公厅研究室副主任。

部决定，紧紧围绕我们的"听说读写练"支部党建品牌，由5名同志同时登台，一人说一段，每人两分钟，组合发言。到了开会那天，支部书记张建同志带着杨志媛、姜雯、蔡菲和我一起登上发言台，张建同志说"听"，杨志媛说"说"，姜雯说"读"，蔡菲说"写"，我说"练"。一个人在前面讲，四个人在后面护卫，说完一个立即进行换位，轮换起来讲。那个感觉，就像是一个飞行战队，前有头机引领，后有群机护航！鲜活的案例、创新的形式引起了全场关注，大家仔细听、认真记、用劲儿鼓掌，把会议推向了高潮。

总结起来，我们认为，这样的形式既形象生动地诠释了支部党建全体党员参与的特点，又锻炼了队伍、展示了风采，提升了党建工作的实效。

[链接]

播种与传承[*]

聚是一团火，散作满天星。机构改革后，原宣教司的同志们分散到了各个司局。我有幸和王华宁巡视员分到了新的集体，后来她又直接分管我所在的处。在新的支部，她担任副书记，一直在支部内和分管处内积极倡导加强机关文化建设。无

---

* 作者金婷，国家卫生计生委宣传司综合处副处长。

论工作是否繁忙，她总会提醒我们要把处内文化建设坚持下去。我想，这是源于她在宣教司凝结的一种情结，也是党建文化力量的传承。

在王华宁同志的积极倡导和大家的踊跃响应下，在人少任务繁重的工作之余，我们坚持定期利用午休时间举办处内学习交流会。每期由一位同志主持、制定议程，另一位同志作主题报告，和大家分享工作心得、生活体会和思想收获，主持人和演讲者都要接受大家的点评。一人报告，大家共享；一一发言，全场受益。

处里的同志们来自不同的地方，年龄结构、教育背景和工作经历不尽相同，既有建委之初资历最老的公务员，也有初出校门经验空白的小不点；有的从小到大一路顺利，有的经历坎坷百折不挠；有的国外游学见多识广，有的从基层一步一个脚印成长起来。不同的人生经历，使大家对工作和生活有迥异的思考。每一期的学习交流会，都呈现出鲜明的特点，感人至深，催人奋进，发人深省。

小彭以"从博士到螺丝钉"为题，讲了她作为名牌大学毕业的博士，在工作之初接受一年多公文运转岗位的锻炼，如何在大量的文件流转、公文写作和办会办事中，落细落小落实，最终成长为一颗"螺丝钉"，在工作中践行着精细化的理念。汪博士博学多才，他讲解的古文诗词意境之美令人心旷神怡，他工作之余撰写多篇诗词文学作品，其中蕴含的情怀与理想更令人动容。尽管仅是在处里分享，但大家的重视和认真程度，不亚于登台临战，常看到有同志用休息时间准备演讲，并虚心征求大家的意见。每一次主持或报告都机会难得，同志们都努力以最好的准备、最佳的状态精彩呈现。

处里的同志是最好的听众，更是最好的评委。听到报告人在国外寂寞艰辛的学习奋斗经历，他们会一同流下感动的泪水；听到报刊出版业与媒体融合发展的思考，大家会踊跃提问热烈讨论；感觉报告人经验不足准备欠佳时，大家都不吝啬提出意见和建议，甚至是毫不留情的批评。因为我们深知，批评和建议是对同志最大的爱护，要抓住每一个机会，帮助同事尽快成长和提高。

作为分管司领导，王华宁同志无论多忙，只要条件允许，都会参加我们的学习例会。她在外开会或工作时，甚至利用午休时间赶回来参加，有时不得不以盒饭充饥。工作紧张无暇安排时，她既充分体谅，又委婉提醒，以免我们丢掉这坚持已久的好传统。

久而久之，我们的学习例会成为处内文化建设的重要内容，成为大家心心念念的思想交流园地。我们作为原宣教司支部党建工作的受益者，后来也成为了新集体机关党建文化的践行者，把以往获得的思想滋养、汲取的精神力量内化于心、外化于形，积极促进和搭建锻炼成长的平台。我们看到的是美人之美、美美与共，是文化播种和传承的力量。

NO.18
作风建设从何入手？

作风建设漫画墙

2007 年，中央国家机关普遍开展了以作风建设为主题的活动，上级党组织的要求是全面的、概括的，支部的作风建设怎么搞，不能重复上级说的话，最好的办法，还是请教大家看看怎么办。大家在讨论中都提到了一定要结合我们机关的实际，从身边的作风行为说起。很快大家就列举了一些我们身边的现象，这些现象不是明显违反纪律的，也没有明文禁止，但却是机关作风存在的问题。比如说不严格遵守时间；开会经常迟到一两分钟；比如说接电话态度生硬不用礼貌用语；比如说接待来访者冷漠无情吊着个脸，自己还不以为有错……你一条我一条，大家列举了将近 20 种我们身边不良作风的表现，同时还列举了一些被认为是正确的和应该提倡的作风表现。为了更生动地表现这些作风现象，党支部宣传委员杨志媛联系了画漫画的朋友，把大家列举的 20 种不良作风行为用漫画形式表现出来，同时还画出了相对正确的作风行为，一正一反，相映成趣。我们让司里文笔好的金婷同志为每幅漫画配上文字，杨志媛和金婷同志那些天可是费心费脑了，尽可能精准地刻画作风建设与我们日常行为的联系。

后来，我们把这 40 幅漫画喷绘成一面"漫画墙"，展示给大家看，得到了大家的赞赏，也吸引了外司局同志们观赏学习，展示了比较长的一段时间，效果还真不错。

无意识差错

"无意识差错"是说我们的干部在机关里的一种行为现象，有些行为不符合党员公务员的要求，但又没有明文规定，行为人自己也不以为是错，如果不能及时觉察或纠正，就会形成干部的一种不良作风，害处不小。

比如"事不回复"。上午 8 点半，我让小王送一个材料到上级机关，结果 10 点了还没回复，送到了吗？11 点还没有回复，是什么情况呢？中午见面我问他，他还不以为错，因为我没有交代他要及时回复，这还用交代吗？我自己年轻的时候不懂事，也没经验，犯过很多这样的错误，因为没人说，毛病一直带着，很影响自己的提高和发展。后来我认识到了，就很想把自己的教训说给年轻干部们，比如拖拉误事、皱眉苦脸、会前不到位等等。日常在司里只要看到了发现了就会指出来，有时不顾及对方能否接受，后来年轻干部请我"说说工作中的教训"，结果汇编成了《机关行为 36"忌"》一本书，据说成了畅销书了。

需要指出的是，我们在机关里的行为现象，所谓对不对、好不好，到底拿什么做标准呢？是上级领导的好恶吗？不是。是自己个人的意愿吗？也不是。因为我们是公务员，是全体人民奉养的"公家人"，所以我们的行为必须得到全体人民的认可，就这一个标准。我们把"全心全意为人民服务"作为党的宗旨，也要求党员的行为要符合人民的利益。这样看来，我们平时的一举一动、我们的作风行为就有非常严格的要求和标准，是很有讲究的，而过去机关里几乎没有这样的教育和培训，公务员素质不高，其实责任在领导。

[链接]

画出来的作风[*]

在宣教司有一个漫画墙，上面印着以"作风建设和廉政建设"为主题的 40 幅漫画，诙谐有趣，常常令观者发笑，而后深思。运用漫画宣传作风建设和廉政建设，是宣教司支部的一项创新。

———————————

* 作者杨志媛，国家卫生计生委直属机关党委工会常务副主席。

在"创建文明机关"活动一开始，作为宣教司党支部，应该如何发挥我们宣传工作的优势呢？有同志说，能不能通过漫画的形式，结合我们的实际，来倡导良好的作风呢？这个主意好！我们认真讨论了漫画的主题思想、内容结构、表现形式，拿出了初步的设计方案，请来漫画作者创作画面，由司里的年轻同志撰写文字说明，经过多次沟通、修改、完善，宣教司"作风建设和廉政建设漫画系列"设计完成，通过 40 幅漫画作品，用正反两方面的事例作对比，让每个党员时刻注意自己的行为，形成良好的作风。我们将漫画布置在司内一面墙上，后来还在委里大厅的电子屏幕上播放，电梯里也能看到，最后又放进了我们的《党员手册》中。

由于首个漫画墙的反响很好，其后还出了之二、之三。我们与纪检监察局联合编辑出版了《党员领导干部廉洁从政若干准则》漫画集，后来又设计制作了《推进学习型党组织建设》漫画系列，在我委办公楼内的灯箱中宣传展示，都起到了很好的宣传效果。

〔链接〕

微言大义的漫画墙[*]

作风建设漫画墙，是宣教司作风建设的一种宣传形式，反映公务员队伍应有的价值取向和行为准则。在当时看来，这样的形式是一种创新，把规矩的条文演绎成生动的漫画，把抽象的文字变成诙谐的图解，寓大义于微言之中，可以起到入心入脑、四两拨千斤的作用。作为漫画文字的作者，今天想来，有几点启示：

一是规定动作用心做，能产生出其不意的效果。作风建设是党的建设的重要组成部分，是每个共产党员一生的必修课，永远在路上。十年前，顺应中央国家机关加强作风建设的有关要求，宣教司支部没有走过场，而是调动和运用集体智慧，认认真真地设计制作了漫画墙。漫画形象和警句微言所反映的公务员作风与形象的林林总总，折射出的正是形式主义、官僚主义、享乐主义、奢靡之风等"四风"问题的苗头，今天看来仍然有鲜明的指导意义和教育意义。

二是党建工作形式与时俱进，才能入脑入心。早在2007年运用漫画的方式来宣传党建、推动作风建设，不能不说是支

---

[*] 作者金婷，国家卫生计生委宣传司综合处副处长。

部工作的创新。在今天的传播业态和舆论格局下，新媒体的呈现方式日趋多元。网络上，"一图读懂"、动漫、微党课、"表情包"、H5 比比皆是，党建宣传教育更加"有声有色"。今天的党建工作，一方面用严明的纪律和严肃的党内政治生活，增强政治性、时代性、原则性和战斗性；另一方面一改说教的传统方法，充分考虑党员的学习习惯、思维方式和接受意愿，努力实现理念、内容和载体创新。我们高兴地看到，党建题材也开始"火爆荧屏""红遍网络""朋友圈刷屏"。

三是党建工作没有旁观者。让当时还是预备党员的我，负责漫画文字的撰写，并非因为我会写，而是源于宣教司党支部发挥青年党员作用的初衷。共产党员较高的思想觉悟和政治素质来源于学习。对于青年党员来说，学习不仅是传统意义上的看和读，更要亲身参与和实践。唯有积极参加所在支部的党建工作，亲身参与制订党建计划、实施"三会一课"、组织党建活动等过程、才能受到更加深刻的教育和锻炼，才能早日发挥出在党爱党、在党言党、在党忧党、在党为党的主体作用。

[链接]

学会"推功揽过"*

多次听张建同志给年轻人讲机关工作常犯的"无意识差错"。那些错我基本都犯过，故每每都有"对号入座"的代入感。在此共享一例"无意识差错"——遇事急于撇清责任。

某次全国工作会议后，我接到委直属联系单位一位领导的电话，对会议资料提出批评意见，主要集中在某项工作的布置范围和文件排序方面。这位领导对司里工作一向支持，对司里的年轻同志一向如待自己孩子般照顾提携，更可贵的是犯错时不护短，会坦诚指出、帮助进步——这次批评的出发点也基于此。遗憾的是当时的我，面对"批评"处理得十分不妥。我虽然口头上感谢领导提出批评意见，内心却没真正反思检讨，而是下意识地把精力用于"解释"，先是解释该工作布置的范围是各省的试点县、区，布置的内容也是各个试点自愿申报时承诺开展的工作，然后又解释文件排序之事我所在的处室并未参与。刚开始，我还自认为回应得很得体，但这位领导的一番话让我赧然，他说："不要过多解释，要听得进批评。还有，不管哪个处都是你们司。"

---

* 作者姜玉冰，国家卫生计生委宣传司健康促进处主任科员。

　　的确，面对批评，正确的做法是虚心接受，"有则改之无则加勉"，而不是急于撇清责任。解释的潜台词是"我没错""错不在我"。如果说"我没错"是一种自大和无知，那么"错不在我"就是缺乏担当，身为团队一员，个人与团队共享荣耀，自然也该共担责任，遑论团队成员之间当尽互相提醒、督促之责。

　　"有功劳就抢、有过错就推"的坏风气年轻人千万不可学。要学会"推功揽过"，敢于承担责任，真正与团队荣辱与共，我想这也是作风建设的一个重要方面。

NO.19

如何加强党风廉政建设?

红脸出汗

一次,有人跟我反映说我们的一位干部收受基层单位的礼品,大约是茶叶一类的东西。我听到以后内心有点矛盾,要不要跟这位干部谈谈呢?这样的事情在那些风气不好的年代不算什么事,不说就过去了。要说的话,就有点跟这位干部认真了,会让他觉得我小题大做,跟他过不去似的。我觉得我的责任和良心在接受检验。

听到问题反映,就应该跟当事人谈。怎么谈呢?跟自己的干部说这样的事,不知对方会怎么想,反正我是会红脸出汗的。但要假装不知道,恐怕我的内心更不安宁。从主体责任的角度看,我应该管。这样做了,心里比较踏实,这不仅仅是对自己负责,也是对下属干部负责。干部出问题,书记是有责任的。从我的良心角度看,要对自己的干部负责,也应该管。有领导对我的做法给予肯定,说我这也是一种担当,这个评价让我很受鼓舞。我想只要对一个干部好，红红脸出出汗是值得的，我的态度一是真诚，二是坦率，把错误消除在萌芽状态。从谈话和处理的情况看，这样做是对的，效果是好的。

我想这既是主体责任的要求，也是一个人良知的问题，眼看着问题出现苗头故意不说，等着小错酿成大错，这是多么狠心的事呀！党员首先要对自己要负责，对组织要负责，对下属党员更要负责。党员是党组织的细胞，基层党组织是党员集合的基础单元。党员之间"低头不见抬头见"，便于察觉党员思想、行为的细微变化。这些线索和问题眼见为实，是一种直接反映。出现小问题及时敲警钟，使相关问题尽量在组织内解决，防止小问题变成大错误。

作为党的基层组织，党支部负有具体落实全面从严治党要求的责任，重点履行落实、统筹、教育、监督、管理责任。《中国共产党党内监督条例》将监督执纪"四种形态"纳入总则第七条，表明监督执纪，不仅是纪检机关的专责，更是各级党组织的责任。其中，运用监督执纪第一种形态，纪检机关与党员干部所在党组织应经常开展批评与自我批评、约谈函询，让"红脸出汗"成为常态，都是为了抓早抓小、防患于未然。红脸出汗是对干部最大的爱护。

主动配合

我们宣传教育司是做宣传工作的。虽然做好人口计生宣传教育工作是本职，但是我认为，做好党风廉政建设的宣传工作也是我们的职责，这方面可以大有所为。比如，关于作风建设，我们联系实际列举作风方面的问题表现，用漫画的形式刻画了40种正反两面的作风表现，制作了"作风建设漫画墙"展出宣传；在开展婚育新风进万家的活动中，突出"阳光服务热线"的内容，主动接受社会监督。

那一年，中央刚发布了《党风廉政建设条例》，我们主动请示驻委纪检组和监察局，迅速组织绘制印刷了宣传《党风廉政建设条例》的宣传画，张贴在委办公大楼大厅、食堂、会议室等公共场所，并发给各直属单位广为张贴。我们还提出制作《党风廉政建设条例》画册的建议，得到上级组织的赞许和支持，并用最快的速度，高效制作出版了《党风廉政建设条例》画册。由于画册形象生动，结合实际，很受欢迎，得到了上级有关部门的好评。

我们和纪检监察部门一起，积极开展宣传，推进廉政文化建设，在全系统开展了廉政书画比赛等活动，推进行业作风改进，接受群众监督，同时提供尽可能多的服务，真正让人民群众满意。

NO.20
支部党建如何接受监督？

阳光之下

那是 10 年以前的事了。在我们支部开展的"好建议"活动中，文铠同志提出了"政务公开"的建议。我很赞赏我们的同志能够从人民利益出发，向组织提出中肯的建议。我请他细化他的建议内容，并和司里有关同志交代，要把"政务公开"这一条建议落到实处，这在当时还是很少见的。

现在，《中国共产党纪律处分条例》已经有了明确规定，第一百一十一条："不按照规定公开党务、政务、厂务、村（居）务等，侵犯群众知情权，对直接责任者和领导责任者，情节较重的，给予警告或者严重警告处分；情节严重的，给予撤销党内职务或者留党察看处分。"公开已经成了我们党纪和工作的"规定动作"了，这是领导干部廉洁自律的第一条。不公开或不想公开，就是有猫腻，就会出问题。

"12356"是原国家人口计生委的"阳光计生服务热线"。

134

那两年，我们开展为计划生育家庭送"全家福"的活动，就是在慰问农村和社区的计划生育家庭的时候，为他们拍摄全家福照片，并制作成一张年历，上半部是他们的"全家福"相片，下半部是年历和简要的服务内容，其中不能少的就有"阳光计生服务热线12356"。我们在十几个省的基层组织都开展了这一活动，惠及成千上万个计划生育家庭。通过公开热线，接受广大群众对我们工作的监督，驻委纪检组监察局非常支持这一做法，并下发了关于把阳光计生服务热线作为婚育新风进万家活动重要内容的通知，在服务中接受群众和社会的监督。

根据廉政建设的要求，我们主动运用我们的业务专长和工作条件，配合上级纪检监察组织开展廉政建设宣传，多次制作生动活泼的廉政文化宣传品，收到外单位部门的欢迎和好评。虽说我们宣传教育司的本职工作是做好人口计生宣传教育工作，但是，我们主动把做好党风廉政建设的宣传工作也作为我司的一项职责，做了很多相关的工作，我们觉得是应该的，正确的。

人皮鼓的启示

2012年7月，我带队考察甘肃省酒泉市的幸福家庭创建活动，在路过一个叫"桥湾"的地方，听到了一个关于人皮鼓的故事。

相传清朝的康熙皇帝做了一个梦，梦中巡游西北，在荒无人烟的沙漠之中，突然看见了一片绿洲，只见一弯清澈的河流静静地向西流去，河岸边有两颗参天大树，树上挂着金光闪闪的皇冠玉带，旁边有一个金碧辉煌的城池，犹如仙境一般。康熙梦醒后，非常高兴，当即画下梦中情景，并派人到西北查访。查访的人辗转西城荒漠，当来到桥湾这个地方的时候，看到在这茫茫戈壁大漠之中，一弯河水西流，河边有两棵高大的胡杨树，树上挂着草帽，和康熙梦中的情景相吻合，只是没有城池。大臣回来后报告了皇帝，康熙下令拨出巨款，派令程金山父子在桥湾修一座九里九的城池。

程金山父子来到这里，看到这里荒凉偏僻，心想皇帝绝不可能来到这个地方，利令智昏，贪欲顿起，他们贪污了大部分银两，草草修了一座土城，回京交了差。5 年后，钦差大臣西巡，来到桥湾一看，不是康熙所说的情景，回京奏报了皇上，康熙大怒，下令将程金山父子处死，并让人把程金山的两个儿子的头盖骨反扣在一起，中间用白银雕刻了"二龙戏珠"，镶成了一个鼓架，用兄弟两人背脊上的皮蒙制成两个鼓面，又用程金山本人的后脑勺做成一个"人头碗"，把"人皮鼓"悬挂在永宁寺庙堂里，日夜敲击，警示后人。

桥湾在安西县境内，1992 年建设了桥湾博物馆，成了干部警示教育基地，《安西县志》有记载。现在安西恢复了瓜州的叫法，2004 年，县政府还立了一块碑，我看到《瓜州县志》

有记载。

这个故事听着挺解气，也有些瘆人。当初康熙以梦为据寻城造城，毫无科学性，他自身就有廉洁自律的问题，鉴于时代按下不说。引发我思考的是，皇上交办的事，程金山父子怎么也敢贪污？想想看，桥湾地处西域荒漠，康熙皇帝不能来，而这件事只要能对付了皇上，就没事了，所以程金山父子心存侥幸，胆大妄为。只对一个人负责，只对直接上级负责，就比较好对付，山高皇帝远，百姓不了解，缺失了监督，很容易产生程金山父子。

一个是对谁负责的问题，只对上级负责，忘了自己是全体人民奉养的公仆，这个问题今天我们解决得不太好。再一个是谁来监督，怎么监督。我想一是要改进选人用人的办法，二是要公开透明接受人民的监督。说到底，反腐倡廉的主体是人民群众，解决好为了谁、依靠谁的问题，反腐倡廉一定会有好的效果。

"人皮鼓"还是要敲的，只是今天的敲法和过去有所不同。

NO.21
如何发挥党员的先进性？

琢璞归金

2006年我到宣教司不久，支部讨论培养金婷同志入党的问题，她是2005年刚考入司里的公务员，积极要求入党。当时全党正在开展先进性教育活动，我问了一句："她有什么先进性吗？没有先进性怎么入党呢？"组织委员、副司长施春景同志跟我说，小金的文笔很好，能不能让她给全司的文字材料把关。我一听很高兴，我们司还真需要这么一个人。于是支部就定了一条，请金婷同志为全司的文字材料把关。对于这一安排，金婷同志会不愿意吗？这种充分发挥她的优势的职责，再艰巨她也愿意接受，而且倾其全力做好这一工作。后来，机关里的同志听说小金的语言文字能力不错，工作中一些重要文稿就交由她起草，并邀请她担任全委报告会、文艺演出的主持人。这样的锻炼机会接连不断，小金语言优势的先进性形象很快就树立起来了。

一年以后，在纪念党的生日的日子里，我们支部和国际合作司支部在狼牙山联合开展支部党日活动，金婷同志宣誓入党。当一位同志在她入党的时候，她的先进性得到了发现、发扬和彰显，还有什么能够比这更有意义的呢？这样的先进性将会指引她一路前行。

每一位党员包括每一名干部，都有他各自的先进性，就看你能不能发现和发扬它。应用语言算什么呢？如果不用它，就啥也不是，但发挥了它的作用，把它用好了，就是先进性。这么说好像有点简单了，但实际上就是这么回事。平日里大家都是党员，谁比谁能差多少，好又能好多少，结果每个人的先进性就是在这种平衡、平庸、平淡中渐渐磨灭了，作为支部和书记是有责任的。

不说人短

有一位领导跟我说："你们都说这位同志多么多么好，可是在我们这儿表现得不怎么样呀。"我马上制止了他的这种说法，对此我奉劝过一些领导，千万不要说自己部下的坏话。在我们这儿表现得不错，怎么到你那儿就不好了，说明了什么呢？

首先要认定，任何一位中央国家机关的干部，肯定都是有优点的，我把这个优点就叫做先进性。作为一个个体的人，他的优点缺点很分明，这是没有问题的，如果你要说他的缺点，任何一个人的缺点都能说出一大堆。但是如果你要看他的优点呢，那就能为你的团队增光添彩。很有意思的是，我们的实践告诉我，一个个体的人不可能完美，但是团队可以是完美的，因为它汇聚了所有成员的优点，就会整体闪闪发光发亮。那他们的缺点呢，原来在一个团队里，各自发扬优势，就会弥补其他人的不足，自动弥补，这是一个很有意思的现象，前提就是你要把大家的优点优势汇集发扬起来，所以大家看到的每个个体都是闪闪发亮，好像没有缺点，其实是一些人的优点掩盖了另一些人的缺点，一个人的缺点在团队里已经不重要和不明显了。这样的例子很多。

从另外一个角度来说，盯着部下的缺点忘了部下的优点，简直就是贬人损己了。说自己的部下不好，就是说自己的不好，因为部下是在你领导下的环境里，好环境坏人也能变好，坏环境好人也能变坏，这样误人子弟的事例在机关里一点都不比学校里少，每每想到这里都会让我心痛，我们每个人可能都被曾经的领导和环境耽误过，难道我们也要耽误别人吗？

《晏子春秋》讲了一个"南橘北枳"的故事，齐国的宰相晏子出使楚国，楚王想羞辱晏子，就设计在他与晏子会见的时候，让士兵押着一个犯人从他们面前经过，然后楚王故意问："他是哪国人？"士兵回答说："是齐国人。"楚王又问："他犯了什么罪？"士兵回答说："偷盗。"楚王对晏子说："你们齐国的人都喜欢偷盗吗？"晏子说："齐国民风社风淳朴，夜不闭户路不拾遗，根本就没有偷盗的，怎么到了你们楚国就偷盗了呢？我听说橘子在淮河以南叫橘子，味道很甜美，可是到了淮河以北，就不叫橘子而叫枳子了，味道苦涩得很。同一个东西在不同的环境就会产生变化。所以是你们国家的问题。"楚王很懊悔，他对晏子说："我本来想羞辱你，不想反而羞辱了我自己，很不应该。"

我见过很多很好的青年，由于进入了一个不好的环境，遇上了像楚王那样的领导，不用几年，不仅没有进步，反而浑身毛病，当领导的还蛮有理，不知道下属长期在你的手下没有进步，简直就是你的耻辱，我说的进步不是你能提拔他升职，而是培养出德才兼备、能为人民和社会做更多工作的干部。

说支部党建从发扬每一位党员的先进性开始，这话有道理，至少我们的经验说明了这一点。

[链接]

我爱每一片绿叶*

支部党建使全司同志工作热情空前高涨，每个人都认真履责，业绩优秀。每到年终，是我们司领导班子最为难的时候，

___

* 作者施春景，国家卫生计生委家庭司原巡视员。

141

因为表彰的名额太少了。一个支部成功的党建可以充分调动每一位党员的积极性，充分发挥每一位党员的先进性，如果因为评优影响了某些同志的情绪则不是我们的初衷。那么，我们是如何处理的呢？下面这篇写在司《共享笔记》上的小文《我爱每一片绿叶》，或许能让您了解一些我们是如何做党员思想工作的：

今天的全委总结表彰大会上，我司有两位同志荣立三等功，有三名同志被评为优秀公务员，这些同志受表彰是誉归其主。他们的事迹我不想多说，这里，我只想说说没有受到表彰的同志。

在平时的工作中，我司很多同志充当了绿叶。在 2009 年国庆 60 周年组织彩车、部长访谈、人口计生工作成就展等系列宣传的时候，新闻处是鲜花，宣教处是绿叶；在组织调研督导并筹备召开关爱女孩、综合治理出生性别比会议的时候，性别比办公室的同志是鲜花，其他同志是绿叶；在开展婚育新风进万家活动、新农村新家庭计划的时候，宣教处是鲜花，新闻处是绿叶。顾法明同志为了全局工作的需要，放弃自己熟悉的业务工作，毫无怨言地挑起一副全新的担子；罗迈这个"性办"副主任在没有如愿解决实职的情况下，仍然是勤奋而快乐地工作；姜雯同志自从来到我司，可以说哪项工作忙哪里就有她的身影；石雅茗同志一天忙到晚，干得都是小事、琐事，总结时不值一提的事……作为司领导，我们常常因为被表彰名额少而左右为难，常常因为同志们的无私奉献而被感动和激励！

想想我们这个司，十三四个人，年龄从 50 后、60 后、70 后到 80 后，之间相差 30 多岁，就像一棵大树，树上的叶子有大的，有小的；有新长出来的嫩叶，有已经变红的霜叶；有形状标准的，有形状不规范的，可能还有被虫蛀的。但是，它们都是叶子，都在忠诚地履行着自己的职责，在完成着光合作用，滋养着大树。这么多叶子生长在一棵树上，互相依存，相互支撑，是巧合，也是缘分。如果你是一个有心人，仔细观察每一片树叶，很难找出两片绝对相同的绿叶。我们司也是一样，有性格爽直的，也有相对内向的；有文字功底好的，也有擅长组织协调的。我们不需要性格、年龄相同，我们只需要信仰、价值取向相近；我们不可能人人立功受奖，但我们需要心心相印，手牵着手，一起向前走。这就是我们宣教司，这就是我们宣教司能够成为一棵参天大树的理由。

NO.22
如何给党员更多的发展机会？

让普通党员说

　　一次机关召开党建经验交流会，有 8 个党组织介绍经验做法，也让我们支部上台发言，机关党委希望我们说说青年干部成长的内容，我说能不能让年轻干部自己讲，这样更有说服力，机关党委领导同意了我的意见。我们支委会商量，就让司里最年轻的 80 后党员金婷代表我们支部登台汇报。这对于年轻党员来说，是一个难得的机会。金婷同志精心准备，结合司里年轻同志的成长，讲述她自己的故事，那天上台的其他 7 位报告人都是正司局长级的支部书记或党委书记，只有金婷一人是位年轻人，她的形象、语言特别是青年成长的故事打动了全场听众，大家报以热烈的掌声。其实，我觉得收获更多的是金婷同志，她经历了一次难忘的学习提高和展示的过程，这也是年轻人成长的过程。

　　还有一次，机关举办创先争优经验交流会，机关党委让我们讲讲支部党建的"听说读写练"，要求 10 分钟。我想这是大家共享的活动，我一个人讲难以表达完美，如果能让党员特别是年轻党员讲最合适。经上级领导同意，我和其他 4 位党员一起登场，每人说一个内容，每人 2 分钟，报告人在前、其他 4 人在后，突出了报告人，又显示了团队的力量，效果极佳，赢得了满场赞誉，这样的展示给了一般党员难得的体验，也充满了乐趣。

"加塞儿"

2012 年 9 月，宣教司党支部的"共建共享工作法"被推选为中央国家机关支部工作法的品牌，我被选为中央国家机关支部工作法宣讲团的成员，到 40 多个国家机关的部门和单位宣讲，当时是 6 个人一个团，我是最后一个讲。

9 月 4 日的宣讲中，当我汇报到"支部党建书记说了不算，是党员说了算"的时候，就说："我们支部的故事很多，让党员来讲比我讲得更好，现在请允许我请司里的蔡菲同志上台，给大家讲 5 分钟的小故事，行不行？"

这个超出议程的"加塞儿"让大家很意外，但是获得了热烈欢迎。

于是，蔡菲上来讲了我们支部党建的两三个小故事，不长但很形象生动。接着，我又说了两点体会，总体没有超时，但是她的出现让我们的支部党建有了形象的表达。后来有人说我们这是"加塞儿",但是这个"加塞儿"很好地反映了我们支部党建的特色。

到了 9 月 7 日,还有一场宣讲会在财政部礼堂举行,有 15 个部门和单位讲,我又是最后一个。当我说到精细化工作的时候,便说:"请允许我请我们司的石雅茗同志给大家讲几分钟精细化工作。"石雅茗便上去很生动地给大家讲了司里精细化的工作,同样获得了大家的热烈欢迎。

此后,参加这种固定形式的大会发言,我便思考和争取怎么样能让普通党员参与进来,不仅能搞活会场,而且能体现"党员是主体"的理念。对于我们支部的超常发挥,中央国家机关工委领导很支持:没问题,他们能讲当然好!

所以,到后来我们司里每个人都有准备,随时都能上场讲一段。

计划外听众

有一次,国务院新闻办公室举办新农村建设的报告会,请中央农村工作领导小组的负责同志讲有关新农村建设的最新精神,指定相关司局的领导去听。当时,我们正好在策划组织开展"新农村新家庭计划"项目,司里同志最需要听这个报告,能不能让我们司的同志们都去听呢?

我们跟国新办联系，想多要几张票，工作人员问来几个人，我们说要七八张票，他们回答说给不了那么多，到时候看看吧。结果那天下午，我们司 8 位同志都去到现场听了报告，直接了解了相关精神和内容，会后结合我们工作和项目的实际，直接指导推动了新农村新家庭计划的开展。

中央国家机关的许多工作都是由级别不高的党员公务员承担的，但有许多这样的会议他们没有机会参加，重要的文件他们阅读不到，实际是不利于工作的。怎么办呢？那就尽可能给不够级别的干部多创造一些机会。比如内部展览什么的，我们经常会多申请几张票，让大家都去看看。多听多看，对于我们党员公务员的成长锻炼是很有好处的。

发现新人

山东姑娘姜玉冰，2012 年 8 月考录到了我们司，她参加司里的学习例会，看大家讲得那么来劲，很想试着讲讲"我说时事"，宣传委员让她好好准备。终于轮到她讲了，她围绕国庆黄金周的"堵"与"痛"、昭通滑坡"天灾"之后的"人祸"如何预防、中日关系背后的国力比拼、莫言成为诺贝尔奖热门人选等时事新闻，总结引申出"公共福利兴则民幸"的演讲主题。虽然紧张，但她的第一次比其他人的第一次都好。

没多久又轮到她要讲"我说时事"了，这时机关党委告诉我们，下周贵州省直机关的书记们要来参加我们的学习例会，让不让小姜上台第一个讲？我们认为实事求是是什么样就怎么样，就没有换人，姜玉冰同志做了认真准备。她讲的时候委领导就在我的旁边，她没见过小姜，我说是新来的，领导听了姜玉冰同志的"我说时事"，跟我说小姜讲得不错，可以代表新公务员发言。发什么言呢？原来卫生部和人口计生委合并以后，第一场的大型活动就是"读讲一本书"，7位报告人必须有一名新公务员代表，让谁讲呢？姜玉冰的表现已经得到了领导的认可，结果我们就推荐小姜登台演讲。满场四五百人的大场面，大家都领略了姜玉冰同志的风采，让她刚来就经历了一次难得的锻炼和展示。姜玉冰同志感谢支部党建，要不是支部党建就没有她的机会。

年轻人在机关里，从业务的角度讲，是很难有锻炼和展示的机会的，但是党建可以给他们提供这样的机会。

NO.23
新老党员如何相互学习？

谁都需要锻炼

开始一段时间，我比较注重青年干部的思想政治工作，认为年轻人很需要我们的关注和引导。我常常懊悔自己年轻的时候不懂事，碰过很多钉子，走了很多弯路，因为没有主动请教，很少有老同志给我开导，后来很长时间才有所觉悟，已经耽误了很多事。现在我当了部门的"一把手"，深感不能耽误手下的年轻人，也很怕自己在无意之间耽误了年轻人，所以很关注年轻人的成长，不是有什么伟大情怀，其实只是自我救赎的一种表现罢了。

基于这种思想，经常去和外单位交流支部党建工作的时候，考虑到司里同志们各自的业务都很忙，出去交流的人不能太多，出于锻炼青年干部的考虑，我一般都尽量让年轻同志去，他们也乐在其中，时间长了，老同志就有看法了。

在一次我们支部开展的"好建议"活动中，有一位中年处级干部提出了意见，认为外出交流不能都是年轻党员，建议外出交流时也让中老年党员同志参加，发挥老同志作用，加强年轻同志和老同志之间的相互学习和相互帮助，实现共建共享共进。这给我提了一个醒。对于老同志，我一直认为他们思想已经基本定型，且经验教训比较丰富，不需要什么锻炼了。看来新、老还不能偏废，在关心培养年轻人的同时，也要加强对中老年同志的关心和帮助，兼顾给老同志司内外交流互动的机会。从此以后，我注意老同志和年轻同志的交流，外出时兼而有之，发挥老同志和年轻同志各自的优势。后来我才感悟到，学习锻炼这样的事情，是不分什么年龄大小的，年轻同志、中老年同志应该同等重要，同样重视。

立己达人

"己欲立立人，己欲达达人"，这是中国传统文化普世价值的一个思想。对于老同志来说，只注意自己的提高发展是远远不够的，个人的成功很大程度上要看你帮助他人取得成就的程度。所谓立己达人，有几个层面的意思，一个是知人知己，知道他人的长处优点，发现自己的不足，认识自我，提高自己，自己要立得起来。在此基础上，必须能帮助别人立起来，你不能帮助别人立起来，就说明你自己还没有立起来；另一方面，如果你立起来了，达起来了，有所成就了，就要帮助别人达起来，帮助别人有所成就。这既是一种标准，也是一种要求，更是一种境界。

在我们支部里，没有同事间的互相指责、互相嫉妒、互相拆台，有的只是互相关心、互相帮助、互相补台。年轻人尊重老同志，老同志关心爱护年轻同志。当青年干部职务提升的时候，老同志由衷地感到高兴，像看到自己的孩子取得了进步似的。党建让党员们以事业为重，心底无私，所以我们的同志经常说："党建，让我的心甜甜的、暖暖的。"

〔链接〕

我也要亮相[*]

2010年，我参加了10余次外出联学联创活动，不仅到现场，还上台讲了一场又一场，越讲信心越足。

最初，到外部门交流支部工作经验的时候，张建同志多是领着司里年轻的同志去。我的一些外单位朋友听了讲座后，便给我打电话："看见你们宣教司的人出来演讲，表现真不错。怎么没有你呀？"我起初无所谓，说得多了我也有了想法：既然是我们支部的活动，我能不能也像年轻人一样，出去锻炼一把呢？

----

[*] 作者罗迈，国家卫生计生委离退局服务处调研员。

于是，在支部"好建议"活动中，我就把"我也想去"的想法提了出来。结果这个建议被支部欣然接受，我随即就被安排在下一次的活动中介绍"党小组在活动"。

我还记得，我第一次讲是在中国社科院党支部书记培训班上。当时，我拿了一张《中国社会科学报》上台，开头说了一句："各位中国社科院的领导、同志们、朋友们，我是你们的忠实读者。"一下子就把大家给吸引住了。虽然我的介绍只有5分钟，效果也很打动人，更重要的是，我自己都惊奇：我也可以这样上台讲！

〔链接〕

结构化讨论*

2013年2月17日，正月初八，在宣教司的小会议室里，进行着一场有关践行群众路线活动的热烈讨论。热烈程度，用句网络流行语，那叫一个 High！

张建同志开场："为了让每一位同志充分发表意见和贡献思想，我们今天将采用'结构化讨论'的方式，对预先设计的4个问题逐一讨论，10位同志依次发言，每人每次只说一个观点，循环发言直至没有新的内容，然后转入下一个问题。好，

---

* 作者刘哲峰，国家卫生计生委宣传司新闻处处长。

第一个问题是'践行群众路线对做好人口宣传工作的意义和作用是什么'，请石雅茗同志先说。"

春节刚过，年味还没回过味儿，又是第一次这样开会，什么是结构化？大家都有点没转过弯来。石雅茗同志是主任科员，宣教司的会议发言通常是从年轻同志开始的，她就一句话："我们只有从群众中来到群众中去，才能切实地感受到群众和我们的感情，认识到人民群众的伟大力量，确立群众观念。"

紧接着最年轻的司秘书姜玉冰说："践行群众路线能够让咱们的工作更加'接地气'，而不是自说自话、自娱自乐。"

金婷同志总是有金句："可以帮助我们乃至整个中央国家机关的工作弄清楚'我是谁、为了谁、依靠谁'的问题。"

接下来几位同志依次发言，遇到没有要说的就跳过去，最后又轮到了石雅茗同志，她说了最后一个看法，会议就转入了第二个问题：支部开展践行群众路线教育实践活动的目标任务是什么？

几轮下来，大家开始找到感觉了。姚秉成同志建议："通过调研和深入思考，形成一个宣教工作的改进实施方案。"

刘哲峰同志认为："要促进人口计生工作的转型，让我们进村入户进社区的工作优良传统和横向到边、纵向到底的网络优势共同形成良好的人口计生公共服务体系。"

莫丽霞同志强调："问需于民、问政于基层。"她提出自己

153

在春节期间起草的《新闻宣传工作"为民服务走基层"调研活动的方案》，把深入群众、学习群众、宣传报道基层先进人物结合起来，保证活动有实实在在的产出，体现了人民群众是计生工作的主体的思想，引导大家有了好的思路。

就连远在千里之外探亲的姚宏文同志也发来了短信：建议把推动新时期宣教工作"三贴近"放在重要位置，在调研成果转化方面提出要求，特别是与创新宣教制度方式方法、形成大联合大宣传工作格局等结合起来。

性别比综治办主任罗迈认为："可以解决机关党建中业务和党建'两张皮'的问题，摸索新的支部党建路子。"

第三个议题"践行群众路线活动的内容和方法"的讨论更是丰富热烈，犹如头脑风暴，创意点子层出不穷。从完善支部工作法，到在支部网站开设"零距离面对面"专栏，从和基层群众"结对子"到征集为民服务 100 例，还有每人在学习例会上讲"我在基层"等等。同志们从新闻宣传、关爱女孩行动、婚育新风进万家三大重点工作的特点出发，分别提出了要和新闻媒体、专家队伍、相关部委"三结合"的建议，副巡视员王华宁还加了一个"结合"，要和基层紧密结合，推动当地的计划生育工作。

当进入第四个议题"需要注意哪些问题"时，施春景同志"防止走过场，不要搞形式主义"的发言，引发了大家一番热议。到基层调研要不要打招呼，怎么了解掌握真实数字，向基层干部群众学些什么，大家说了很多很多。

不知不觉这种热烈讨论持续了一个半小时，就这样，一人抛出一个观点，其他几位纷纷补充，一个议题深入讨论，一句接一句，犹如车轮大战。参与者思想高度集中，发言者全神投入，旁听者啧啧称奇，没想到一个平时看上去有点空泛的标题居然可以深度挖掘，形成这么多亮点！经张建同志向大家介绍，原来今天进行的结构化讨论，还叫"团体列名法"，就是采用"结构化"的方法，把人们思维按照不同阶段进行拆分，克服机关以往习惯的综合性、概括性思维的影响，保证讨论成员的"参与主体"地位、平等关系和竞争态势，用"建设性意见"的强制规定保证讨论成员积极参与讨论，激发每个人的思想，杜绝滥竽充数，使讨论始终保持正向和动力，最终达成有效的产出。

那天，屋外虽是春寒料峭，室内却是其乐融融。一个会开出了超乎意料的好效果，同志们对2013年"做什么、怎么做"有了明确的共识，坚定了"为了谁、依靠谁"的思想信念，更亲身感受、践行了中央提出的"改会风、改文风"所提倡的求真务实和高效作风。

NO.24

如何加强对青年党员的锻炼？

深入基层练

当年我在直属单位当党委书记的时候，有一个"青年成长规划"，每年我们会送一位青年干部到甘肃的定西。第一次是我们的团支部书记小李去的。她第一天风尘仆仆到了定西的乡（镇），乡里干部给她端来半盆水，让她洗洗，她洗完后就顺手把水泼了，没想到乡干部责备她："你怎么把水倒了？"她不明白。乡干部说："我们这儿水比油贵，这水还要干好多事呢！"这一说把她给说哭了，她怎么能想到倒洗脸水都能倒出个错来。接下来的半年时间里，可想而知，她的经历让她刻骨铭心。回到单位，她是哭着向大家汇报这段经历的。这样的经历，对她的成长发展至关重要，这比留在单位干半年业务工作重要得多。第二年我们又派小徐去了，也是收获满满。我年轻的时候在村里老乡家里住过一年，虽然那时不太懂事，也谈不上做什么贡献，但对感受农村、了解国情真是受益了一辈子。

金婷同志入党之前，我建议她到村里住一段，体验锻炼一下，她也觉得自己特别需要补上这一课。后来支部派她去贫困县锻炼了 10 天。虽然时间不长，但她住在乡（镇）服务站，利用有限时间进村入户，走访调研计划生育家庭，了解乡（镇）干部的工作状态和群众的想法需求，收获不小。

人口计生工作需要深入千家万户，忠诚地践行着党的群众路线。小金回来后说，那是她第一次近距离地与基层人口计生干部接触，消除了对基层工作的陌生感和距离感。多年来，我们支部大力倡导青年人开展蹲点体验、"接地气"式调研，深切感到：年轻党员深入基层越多，接触基层干部群众越多，越有利于培养出与基层群众的深厚感情和想问题办事情的群众视角，不再是浮于表面，而是双脚落地。

外出交流练

有一年，吉林省人口计生委开大会，请我去讲课，我问讲什么内容，他们说就讲讲新闻宣传吧，我说新闻宣传就让我们新闻处的蔡菲同志去讲吧，她专门负责新闻宣传工作。吉林的同志说，蔡菲是主任科员，我们全省开会，参加人都是县级人口计生委主任，您派个主任科员讲怕交代不了吧？至少要来一个司局级的领导。怎么办呢？我们商量就请主管新闻宣传工作的副司长施春景同志带着蔡菲一起去。大会上，施春景同志讲了一课，蔡菲同志也讲了一课。这让蔡菲同志好好地锻炼了一回。她在党建活动中锻炼比较多，进步也很快，现在她不仅可以做长篇报告，而且还可以在台上模拟新闻发言人从容回答各种业务工作方面的问题，真正是练出来了。

压重担子练

在中央国家机关，主任科员的级别虽然低，但他们多是业务工作的主力，能不能让他们锻炼得更多一些，提高得更快一些，这是支部党建要考虑的事。我们支部经常讨论如何让年轻干部担当重任的问题。

比如说，制定年度工作规划，我们会交给一位年轻干部，让他执笔来写。如果简单一交那肯定是不行的。这样的事情我们一般会召集相关同志讨论，大家畅所欲言，领导同志引导指导。在充分听取大家的意见之后，在集中了集体的智慧以后，年轻同志下笔就不会有大的偏差，经过反复征求意见修改完善，最后都能很好地完成任务。执笔的年轻干部得到了锻炼，这种锻炼模式很有效，我叫它是"成全式"培养方法，即集中集体的智慧于青年干部一身，我们的年轻人也确实优秀，从来没有让大家失望过。比如主任科员姚秉成同志写的公文在中央国家机关公文大赛中荣获一等奖。现在，他已经提升调任到专门给领导起草讲话和重要文件的研究室任副主任。

　　我司大量的重要文章，比如委领导重要讲话、在《人民日报》上发表的社论、在《求是》上发表的文章等等，都是年轻干部执笔完成的。最早的时候，蔡菲同志写的宣教司全年工作总结，我看很不错，就一个字都没有改。当然要改还是能改一些的，但我想让她们多担当，这样会成长得更快一些。我不改就是对她的鼓励和鞭策，她会更加负责地完成任务。之后七八年的全司工作总结都是蔡菲同志完成的，我从来没有改过。一来确实她的水平很高，我没有什么好改的，二来锻炼她站在领导角度勇于担当并充满自信，再重的任务也能完成。

　　这些年，有些单位邀请我去给他们讲支部党建，我都带着支部的年轻人一起到他们单位交流，沟通时他们听说要让主任科员做报告，都质疑我们的做法，认为让司局长听几位年轻人介绍经验，好像不太符合机关的规矩，我就给他们做工作，结果听了以后他们都说好。我们司和外部的交流很多，让年轻人代表支部报告演讲，也是给他们压重担子，让他们经风雨见世面，从回馈的反映看，大量的锻炼还是很有成效的。我们的年轻人都是经历过大场面的人呢！

　　70后、80后、90后的青年，很多表现得很优秀，但我们的党对他们的吸引力还不够，这是一个大问题。一些老同志看不起年轻人，这很不应该。虽然年轻人在阅历和经验上比不上我们，但他们没有我们这一代人沉重的思想包袱，阳光坦诚，健康向上，成长在改革开放年代，投身于建设中国特色社会主义的伟大实践。我们有什么理由不支持鼓励他们呢？相反地，我们应该好好地向他们学习，即使在理想信念上，青年们也表现得不差。试问：青年们在各自的岗位上都十分努力而且成绩显著对吗？对！青年们所从事的事业是中国特色社会主义事业吗？是！青年人对工作的投入很执着吗？很执着！很坚定吗？很坚定！他们坚定投入的事业就是中国特色社会主义事业，怎么能说他们信念不坚定呢？不过是我们没有这样去认识他们和引导他们罢了。

宣教司的青年，大家一致认为非常优秀，他们对事业的热情和对党的忠诚是值得充分信赖的。姜雯同志刚刚调到宣教司的时候是非党员，后来，在支部党建的影响下，她积极要求入党，并在《共享笔记》中写下"宣教司党建让我如沐春风"，这让我们的心里暖暖的，这也是对我们的激励。吸引尽可能多的青年投入到党的事业和组织中，这是决定党长久持续发展的关键，也是我们党务工作者的职责所在。

[链接]

从最年轻的同志开讲 *

宣教司有一个惯例，讨论问题也好，发表意见也好，都是

---

* 作者王华宁，国家卫生计生委宣传司原巡视员、卫生计生政促会副秘书长。

从最年轻的同志先讲，而不是领导先说。

这种让年轻同志先讲的做法，我认为是非常好的方式。因为按照领导先说的惯例，年轻人到了最后会想，反正领导已说了，我就不用思考，也不用说了。让年轻同志先讲的结果，让他们放开了心怀，激励了斗志，表现了智慧。刚开始的时候，有的年轻同志还有点放不开，但是后来他们发现，真的是让他们先讲，而且讲了以后真的会受到重视，于是就真是放开说了，而且是越说越好了。

像司里的80后金婷，每次先讲都特别能放得开，都能提出很好的见解，对年长的，或者是对领导，也是一种压力。比如讨论新农村新家庭工作意见时，金婷的发言精彩深刻，提出了很好的意见。人家年轻同志都说了，而且说的很有创意，作为领导，作为年长的同志，当然也要开动脑筋，认真思考琢磨。这样，每个人都能充分发表意见，形成激励竞争机制，每个人的脑子都不会停下来，在别人的启发下，去提出更好的建议和想法，大大提高了会议效率。

让年轻的同志先讲，看着一句挺简单的话，但是真正体现了支部党建"以党员为主体"的理念，是一种值得提倡的好方法。

［链接］

登台宣讲我最多[*]

作为宣教干部，能说会写是必备的本领之一。支部创造一切机会让我们普通党员登台，我们是活动的主讲人、主持人，也是支部党建的受益人。而我，参与的"听说读写练"活动最多，当然也是受锻炼最多、受益最多的人。仅 2011 年一年，我就参加了司里的联学联创活动 21 次，仅有两次因特殊原因缺席。这么多场锻炼下来，现在的我，站在台上腿不抖了，手不凉了，心也不砰砰乱跳了，脑子也清醒了，嘴里也知道在说什么了。回想几年前，那可是另外一个场面。

记得 2009 年，那时司里刚开始让我们 4 个女同志组成"四色花"团队外出演讲锻炼。第一次参加中央国家机关工委组织的青干班，面对同龄人介绍交流我们学习科学发展观、学习人口理论的心得。现在翻起那张照片，还有人问，你们的脸上涂腮红了？其实，那是紧张加害羞，自然成红色。

也是那年，我还是一名主任科员，司里派我参加省里的宣教干部培训班，并做一场报告，就我委的新闻宣传工作进行宣传倡导。说实话，去之前，心里是忐忑的。毕竟自己的认识理

解还比较粗浅，加之工作又忙，没有充分的时间准备讲稿和PPT，着实心虚得很。

司里特意让副司长施春景同志带着我去，她将在我演讲后再讲一段，给我压阵。施春景同志不停地鼓励我，没事儿，你能行的！有了她的鼓励，我勇敢地走上了讲台。当我在讲台上坐定，用轻松的话语做了开场白，谦虚地请在座的听众对我进行批评指正之后，在我向大家展示了几张PPT之后，我看到观众们的眼中有神了，脸上有表情了，开始随着我的介绍或低头记录、或抬头观看、或锁眉思考，我知道，大家听进去了，开始随同我的思路和表达产生共识和共鸣了……

我的宣讲有40多分钟，关于理念和概念的东西较多，接下来施春景同志又结合案例进行了形象鲜活的讲解。从内容来看，她的报告更具体、更生动、更具可操作性，从现场的反响来看，参与感也更强。我不禁暗自佩服：看来，我还真是需要再练啊！

有了第一次，便有了后来的20多次，一次一次总结下来，我知道，面对听众，要用更加朴实的语言、更加生动的事例、更加亲和的语气、更加易懂的概念、更加实用的方法，才能让更多的人接受并认同。

不积跬步，无以至千里。感谢支部党建给我登台演讲的机会，给我锻炼成长的平台，我也用自己的努力为宣教司的工作增了光添了彩！

〔链接〕

不及格的新闻稿[*]

来到宣教司后，司领导们对我总是以鼓励表扬为主："现在的年轻人学历高、底子好，一定能胜任机关工作。"说实话，那时候我真有点不知天高地厚，对领导的"表扬"不打折扣地"照单全收"了。事实果真如此吗？很快，我就迎来了第一次"不及格"。

那是 2013 年 2 月 17 日，司里召开"践行群众路线"活动方案讨论会，采用了结构化讨论的新颖方式，每个人畅所欲言的同时也经历了一次头脑风暴。会后，司长要求 6 位年轻同志每人就这次讨论会写一篇新闻稿，匿名汇总后，由司领导逐一点评。"不及格"便是我的成绩。

这个"不及格"对于本科学新闻、研究生学传播、做过两年记者、三年文秘的我不啻于当头一棒。但是，听完司长的新闻写作培训课，默念着许久未曾想起的新闻定义、导语类型……静心回望，惊觉这一"棒"敲得正是时候！曾经满怀着赤子之心追寻着自己的新闻理想，却在走出校园五年后的今天，写不出一个及格的新闻标题，谁之过？是单调的生活消

---

[*] 作者姜玉冰，国家卫生计生委宣传司健康促进处主任科员。

磨了生命的灵性？是日复一日的平淡拘囿了思想的力量？都不是，根源在那颗自满的心！所以，震惊之后我更多的是庆幸——庆幸自己身处一个有赞誉声，更有批评声的集体，庆幸自己身处一个鼓励讲真话的党支部。一句振聋发聩的批评胜却百句锦上添花的赞美。

这个"不及格"让我惭愧。初闻"不及格"，我下意识地先给自己找了诸多借口，比如"工作太忙没时间认真写、会议新闻本来就没啥可写的"等等。但是，工作忙不是放之四海而皆准的万能理由，这个集体里谁不忙呢？我惭愧的不仅仅是科班出身却写不出一篇及格的会议新闻，更多的是惭愧于自己敷衍塞责的态度，惭愧于事后第一时间不是查摆改正而是找借口开释。

这篇"不及格"的新闻稿也并非一无是处，它的存在让我警醒，让我真切体会到"年轻人需要多锻炼"，既要锻炼业务上的本领，也要锻炼敢于承认问题、整改问题的本领。谢谢这句不留情面的"不及格"！

NO.25
如何正确认识自己?

三个发现

　　杨志媛同志读讲《现在，发现你的优势》这本书，对大家的启示很大，她说:"如果我们大家都知道自己的优势，那该多好啊!"就这一句话，引发了大家的热烈讨论，也引发了我的思考。我建议在司内开展一个"品格形象自我认知"活动，大家都赞同。首先请每一位同志找出自己品格方面的优点，选4个正面的词汇来表达，再选4个中性的或者是负面的品格词汇表达自己的弱点或不足。然后交给我，我把大家选出的词汇制作成一张表，每人的自评填一行，底下再空出一行，请大家对每位同志的自我认知进行评价，用0—5分打分，认为自我评价符合程度越高则分数越高。评价表不留评分人姓名，以示客观。

　　当时我们司除去挂职、休产假不在的一共有 10 位同志参加了这个活动，打完分以后汇总到我这儿。我把 10 位同志对每一位同志的每一项分数加起来相除，就是每一项品格形象的分数，有的相符程度很高，接近5分，有的就很低。这个活动让我们有了三个不大不小的发现。

第一个发现，绝大多数同志都没有认真想过自己是一个什么样的人，自己特定的品格优点是什么。我跟小王聊天，我对小王说："你想过你是怎么样的一个人吗？"他说应该想过，我让他说两个他自认的品格词汇看看，他想了想说："一个勤劳，可以吗？"我说："还有呢？"他说："善良"。我把小刘叫了过来："小刘你勤劳吗？""勤劳呀。""你善良吗？""我善良呀。"我又把小赵请了过来："小赵你勤劳吗？""我勤劳。"我又问："你善良吗？""怎么啦，我怎么不善良啦？"我们发现小王说他自己的优点是"勤劳、善良"有问题，而且还不是小问题。什么问题呢？原来小王说他"勤劳、善良"的优点，不仅他自己有，而且同事们都有，不仅同事们都有，而且普通大众也有。一次，我在人民大学"明德论坛"和大家交流，我问："有谁能说两个代表中国人优秀品质的词汇。"有一位同学站了起来："勤劳、勇敢"，我说这是听谁说的，他说是书上说的。我问大家赞同中国人勤劳的举举手，很多人举起来了，我说赞同中国人勇敢的举举手，没有人举手，看起来大家心里好像并不认为"勇敢"能代表中国人的突出品格，大家普遍认定的是勤劳善良。所以小到一个人，大到一个民族，都有特定的品格特点，不是你想说什么就是什么的。小王说他的优点居然是全民族的优点，那还能说是他的优点吗？问题在于作为一名党员公务员，如果只具备普通人都有的优点，恐怕是说不过去的。为什么呢？因为这样的标准太低了。作为中央国家机关的党员公务员，应当具有和他职责相称的品格优点，那就不仅仅是"勤劳、善良"能交代的了。还有像爱国、敬业一些品质，都是每一位党员公务员应该具备的基本品质，每位同志还应在这个基础上具有自己特别的优秀品质。

第二个发现，个人的缺点不用找，只要找准自己的优点，缺点也就知道了。原来一个人的优缺点是一对孪生兄弟，一般不会错，否则就是优点没找准。比如大家认同我的优点有"坚定"，那"刻板"就是我的不足；大家认同我的优点有"大度"，那我一定就有"粗疏"的不足。所以如果有人问你的缺点是什么，你只要让他说说你的优点就知道了。明白了这个道理，对自己的工作和发展方向是很有意义的。比如说，有的人的优点是"特善良"。"特善良"可以算作优秀品格，而且还是比较少有的，我们一般叫它是"悲悯"。"悲悯"的品格用在一般人身上很优秀，但是用在公务员的身上，就不敢说是优点了。因为公务员的职责要求公正公平，"悲悯"的品格适合做慈善事业，不利于秉公办事。

第三个发现，自己认定的品格优点不一定能得到普遍的认同。有同志认为自己"宽容"，结果给出的平均分不高，原来大家并不认同他自己"宽容"的说法。有同志认为自己"细致"，结果得分也不高，这些都能给每一位同志很好的启示，自己认定的优点可能不真实，不准确。群众的眼睛是雪亮的，多听听大家的意见，知道自己的优缺点，能够更好地发挥优势做好工作。我们的"品格形象自我认知"活动就引发了全司的"精细化工作"，推动了每一位同志和全司工作上了一个大台阶。这一点后面会提及。

温馨提示

随着我们受邀到中央各部委、各单位介绍交流经验次数的增多，听到的溢美之词越来越多，很容易让我们的同志感觉良好，不知不觉之中自满骄傲起来。

我们都是平常人，并不是超人，也不完美，绝不像有些人夸我们的那样好。如果真以为自己了不起了，真以为自己水平很高，能力很强，那就太糊涂了。从我们尽力做事还不能做好的事实来看，我们的水平能力还有很大差距，还有待提高。因为取得了一些进步，受到一些表扬，就自以为是飘飘然，那就会脱离群众，脱离实际，就会走向反面，反过来就会影响阻碍我们的进步，影响中心任务的完成。自强很好，自信也对，但过了就会走向反面，成了自满和自负，就害了自己，也会贻误工作。我这样告诫自己，同时也提醒大家。这类的温馨提示在我们支部的会上会下是经常能听到的，这也是我们正确认识自己、不断取得进步的一个原因。

[链接]

上善若水，至柔至美[*]

我们常说，做一个上善若水的女人。是的，女人如水，至善至柔，利万物而不争、容万物方显境界，有静观世事的山湖优雅，有广纳百川的大海豪情。我们女性有多重身份，在家里，我们是妻子、母亲、女儿、儿媳……但是我们还有一个共同的社会角色，就是职业女性。职业女性的成长历程，大概可以用三句词来概括。

"昨夜西风凋碧树。独上高楼，望尽天涯路。"初入职，一片迷茫。懵懵懂懂间，是身边的领导、师长为我们引路。成长路上，身边的女领导和男领导、还有团队里的同事，都是我最好的榜样，我很庆幸自己能够成长在像宣教司、家庭司这样的优秀团队里，满满的正能量一直滋润着我、激励着我。

"衣带渐宽终不悔，为伊消得人憔悴。"如果说一个人是一滴水，那我们汇聚到一起，就是大江大河、波澜壮阔、奔腾入海。我们为之努力的这个"伊"，就是我们共同的卫生计生事业。我是共和国第一代、可能也是唯一的一代独生子女中的一

---

* 作者蔡菲，国家卫生计生委家庭司副司长。

员，我也亲身参与了生育政策的不断调整完善过程。从当时的独生子女，到单独两孩、全面两孩，以及计划生育奖励扶助、家庭发展支持政策体系，我们的小家变迁与国家的发展共命运、同进步。

"众里寻他千百度，蓦然回首，那人却在灯火阑珊处。"人们常问，如何平衡家庭与工作，有个回答我很认可：这个问题相当于问，用左脚走路还是用右脚走路，其实永远都是两只脚交替前行。这就是人生的平衡，找到了平衡，一切就迎刃而解。

找到平衡的女人越发柔美：温柔时，似雾、缥缈泽万物；似雨、润物细无声；又似风、解落三秋叶；而遇到困境时，寒水成冰、坚不可摧，这是另一种勇敢和睿智，外界环境越是恶劣，自身越坚强，在寒冰的外表下，其实藏着的是不屈的内心。

女人如水的最高境界，是在充实提升自己的同时，成就了他人。或成为清新淡雅的茶，或是芳香浓郁的咖啡，或是甘醇浓烈的美酒，或是新鲜美味的果汁，都是美美与共，都是保持成长的快乐，努力完成生命的平衡。

NO.26
如何创建"自选动作"?

"我说时事"

学讲《党章》活动中，我发现大家很愿意在一块学，并且欣然接受了我的倡议，主讲的同志面对大家站着说。我建议以后每周轮流由一位同志给大家讲"我说时事"，只要 15 分钟，讲什么都行，形式同样是面向大家站着讲。我想给同志们提供一个展示的机会，一个锻炼的机会，一个学习提高的机会，大家都赞同，因为在机关里一般干部展示的机会并不多。

第一个"我说时事"的是组织委员、副司长施春景，她讲完以后跟我说她没讲好。我说这个头开得挺好的。她说，她从报纸上剪下来一块一块的信息看着讲，效果不好，因为她不会做 PPT。她说要跟年轻人学做 PPT，过了 3 个月又轮到她了，她就用上了 PPT。这对我的刺激很大，我也不会做 PPT，于是我也向年轻人请教，也学会了，尺有所短，寸有所长，老同志和年轻人之间需要相互学习、取长补短。

"我说时事"很受大家欢迎，因为每位同志关心社会的热点不同，思考的角度独特，每位同志都是亮点纷呈使人意犹未尽，每一次"我说时事"大家都很期待，可以说是一次精神大餐，让我十分感慨。

"我说时事"开始的时候也就 20 分钟左右，后来有人现场提问，就增加了即席问答的环节，还有人点评，加上其他要说的，内容越来越丰富，逐渐就成了我们每周一次的学习例会。后来每次学习例会都不会少于五六项议程，直至 2013 年两个部委撤并停止"学习例会"，支部有记录的学习例会共有 215 次。

有一次一位司长碰见我问："你们忙活啥呢，什么听说读写？"我说："他们玩儿呢。""玩儿？""他们愿意。"这段对话看似调侃，其实也有真实的成分。确实，我们的党建活动很热闹，大家很愿意，大家从中获益，时间长了效果就显现出来了。一次全机关干部竞聘，竞聘副处、正处、副司、正司级领导岗位，竞聘者都要上台述职演讲还要即席回答大家提问。我们 12 名干部有 8 名同志都报名竞聘、登台亮相，个个都有上佳的表现，经过锻炼的和没有经过锻炼的在一个台子上差距还是很明显的，我们司竞聘的同志都赢得了好评，显示出支部党建带来的党员素质水平的提高和成长发展的结果，也让其他司局的年轻人羡慕不已，所以我们的党员在每次汇报交流中都会说："我们是支部党建的实践者、探索者，也是贡献者，更是受益者。"

"我来主持"

"我说时事"活动开展了一年以后，宣传委员杨志媛跟我说，她建议以后学习例会由党员轮流主持，让大家都来学习"我来主持"，我当然很高兴，因为之前都是杨志媛同志主持的，她作为宣传委员很负责任，一年的主持经历也让她受益匪浅，她希望大家都能从"我来主持"中受益。

每周一次的学习例会内容很多，主持人要主持好，就需要综合考虑，协调安排好各项议程，这很能锻炼党员驾驭全局的能力。杨志媛同志给了大家一句广告语：让你当半天司长。这样的体验大家应该不会拒绝，每位同志都有担任主持的意愿和能力，每次每个主持人的表现都让大家有惊喜，每主持一次都能学习提高一次。

有一次机关党委领导告诉我，中央媒体"走进中央机关"活动要来我们委机关，下周二上午 10：30 到 12：00 参加我们司里的学习例会，这又是难得的一次学习机会。但是有一件事我必须向机关党委报告或者说是请示，下周轮到金婷同志主持，她是 80 后的主任科员，要不要让她主持呢？让她主持，三四十家中央媒体来了，让一位主任科员来主持，司长都不露面，媒体会不会有意见，换人吧，事实上轮到她了。机关党委的领导明确表示：不用换，没问题！有了机关党委的支持，我的心里有底了。

30 多家媒体记者和我们围坐一室，金婷同志认真准备，主持得很好，气场很足。11：45 的时候，机关党委的同志找我，我坐在后排，他跟我说："该结束了。"我说："谁主持啊？""金婷呀！"我说："金婷主持你就找她，谁主持谁说了算。"结果他们给金婷写了一张条子，金婷看一眼后镇静地说："我们还有一个议程，有 3 位媒体朋友每人 3 分钟重要点评。"之后，会议在 12：00 准时结束。

这件事教育了很多人，我们的主持不是搞形式做样子，是真主持。我接触的单位比较多，现在我们的主持绝大多数都是假主持，为什么叫假的呢？因为会议的主持词一般都不是主持人本人写的，照稿念的主持词也未必是自己心里想说的话，这种情况下，要想主持好会议是不可能的，就更甭提"气场"了。我们专门讨论过，主持人的气场从哪里来？所谓气场，取决于你的心里装着多少人，心里有多少人就有多大气场，必须是真心实意地在心里装着，否则主持词写得再好也没有用，这和职务无关。我们的"自选动作"还有好多，都是根据党员发展的需求产生的，因为来自党员，有利于党员发展进步，所以很受欢迎。

［链接］

"我说时事"第一人 *

2006 年，支部开展"我说时事"活动，张建同志让我带头第一个讲。

讲时事，怎么讲？我从来没讲过，也没看过别人怎么讲。于是我就把报纸上、网上认为需要跟大家分享的都剪裁或者下载打印下来。开讲的时候，我拿着一摞纸站在大家面前，一边翻一边念，手忙脚乱，真是特别的狼狈。

我开了个头后，顺着往下每个人都要讲，大家越讲越好。轮到年轻人讲了，他们用上了 PPT。当时我做 PPT 的水平还不高，只停留在讲课做简单课件的水平。于是我就跟年轻人学怎么从网上下载图片资料，怎么把 PPT 做得更生动美观，逐渐地，我也成了做 PPT 的高手。

六七年间，"我说时事"讲了 200 多次。通过讲时事，每个人都有了收获和提高，而且是在不断的批评中提升。曾经有一次，我讲时事时因为 PPT 上的文字太多，内容杂且无主题，受到了张建同志批评。说实话，他眼太"毒"了，当时我把很多的文字放在 PPT 中主要是为了看着念，不用记词了，结果

---

* 作者施春景，国家卫生计生委家庭司原巡视员。

被他当场揭穿，毫不留情地批评了我。

这次批评，让我受到很大震动，之后再也不敢糊弄了。不但我这样，每个同志都是在这种不断地竞争和不断表现自己的过程中进步的。到后来，司里同志说时事，不仅图文并茂，还发展到一期一个主题，把要讲的内容深入研究后再给大家讲，台上台下都大有收获。说心里话，每周我都挺期待听司里同志讲时事的，那真是一场享受。

〔链接〕

人人盼着当主持[*]

宣教司党支部每周一召开学习例会，因为当时我是支部宣传委员，所以例会基本上是由我来主持的。后来我产生了一个想法，能不能让司内的每个党员都轮流策划和主持学习例会，这样可以丰富学习例会的形式和内容，因为每个人都有自己的主持风格，有对会议议程策划和掌控的能力，这样每次学习例会都可以让大家有耳目一新的感觉，同时，对每个人又是一次全方位的锻炼。给每一位党员，特别是年轻党员搭建一个展示自己才能的平台。我把这一想法向党支部书记张建同志和组织委员施春景同志进行了汇报，得到了两位领导的大力支持，于

---

* 作者杨志媛，国家卫生计生委直属机关党委工会常务副主席。

是"我来主持"又成为了宣教司学习例会上的一个新的尝试。

由每位党员轮流主持并策划组织每一次的学习例会,大家都觉得有压力,但很珍惜这样的机会。每位同志主持,都高度重视,精心策划,从会议主题、谁参加、谁发言、谁点评,到怎么互动、会议小结等进行统筹安排,都把这项工作作为对自己的一次考试,让大家来评判。

"我来主持"让每一次的学习例会都有不同的亮点,每位主持人都有不同的闪光点。全司每个党员都有一股不服输的劲,没有最好,只有更好。学习例会的内容不断丰富,质量不断提高,成为大家展示自己的舞台,每个人都收获满满,从中得到了锻炼,人人都盼着当主持。实践证明,在支部活动中发挥每个人的主体作用,逐步形成了支部工作人人有责的好习惯,通过不断创新学习方法,逐步形成了具有自身鲜明特色的机关支部党建模式。国家人口计生委宣教司把一个仅有十几个人的机关党支部,打造成为一个充满朝气、活力、创造力和凝聚力的优秀团队。

NO.27
如何创立支部党建品牌？

"四色花"

有一年，中央国家机关工委的领导让我给相关部委的团委书记讲一课，我问讲什么内容，工委领导说就讲讲青年干部成长吧。我说如果要讲青年干部成长，能不能让青年干部他们自己讲，这种同伴教育的效果应该更好，工委领导同意了。我回来跟司里的几位年轻干部说了这件事，她们很高兴，主任科员要给各部委的团委书记讲课，恐怕是不能想象的。所以她们非常珍惜这个机会，精心进行了准备，石雅茗同志讲学习，金婷同志讲党建，姜雯同志讲青年，蔡菲同志讲人口和计划生育。这事我完全放手让她们去做，她们在为各自的内容配做PPT时，用了4种颜色作背景，分别标识出各自讲演的主题：石雅茗用黄色代表学习，金婷用红色代表党建，姜雯用绿色代表青年成长，蔡菲用蓝色代表人口工作。她们还给4人组合取了个好听的名字，叫"四色花"团队。

到了开讲的那一天，我领着她们 4 人上台后，我说："同志们，今天说青年干部成长，她们讲自己的故事，一定比我讲得好，还是请你们听她们说吧！"说完，我就下去退到了后排。

她们 4 位青年轮番登台，每人半个小时，她们的用心得到了回报，讲的人和听的人心灵在交流，现场都沸腾起来了，大家都很激动，工委领导点评时给予了充分肯定，学员反响非常强烈。青年干部成长，要让青年干部自己投入其中，用他们自己学习进步的故事感染影响同伴。现在我们的青年公务员，确实肩负着很重的使命，又能够很努力地工作奋发有为，同时也充满快乐。中午散会的时候，大家围拢过来进行交流，一个劲儿地夸奖她们。

4 位女青年专门穿着 4 种色调的衣服，她们给自己的团队起了个名字，叫做"四色花"，很形象也很贴切，一个品牌就这样诞生了。刚开始的时候，她们当中的任何一位都承载不了单独讲课的压力，但 4 人组合就可以团队发力，一炮打响。有了这一次，她们再外出交流就师出有名啦，随后她们到人民大学等单位闪亮登场，我不在就由组织委员施春景带队。有一位外单位的领导跟我表示疑虑："主任科员给司局长们讲课，不合适吧？司局长们水平可是很高的呀，她们行吗？"我一句话就打消了他的疑虑："还有比她们自己讲述青年干部成长更合适的吗？"

我们有的领导或老同志在讲青年干部成长的时候，表现出了对青年干部既关心又担心。实际担心是多余的，她们不但讲得更有说服力，受众也更接受青年干部的现身说法。刚开始的时候，"四色花"们认真准备，费了不少的精力和时间，但她们肯定愿意，我不会勉强她们，因为这样的活动给了她们每一位同志实实在在的好处，准备的过程也是思考提高的过程，何乐不为呢？第二次、第三次，一次比一次熟练且愈加完美。这样的外出宣讲会影响业务吗？恰恰相反，这样的锻炼大大提高了她们的业务水平和能力，而且宣讲本身的内容也包含了业务的内容。我们的领导也鼓励她们好好讲，讲的越多越好。

一次，中央国家机关搞了一个大型活动，主题是"对青年干部要讲懂和爱"。我们的"四色花"一登场，就吸引了全场的目光，给大家留下了深刻的印象。

"四色花"团队产生的过程，就是支部党建品牌产生的过程，就是党建品牌建设的内容。我们认识到，支部党建没有品牌就没有形象，而有了品牌意识，创立品牌不是很难的事情，因为党员们有无穷的智慧，那是一两位领导或"高人"根本无法做到的。我们的"读讲一本书""我说时事""我来主持"《共享笔记》"共享 e 站""听说读写练"等，包括"共建共享工作法"都是支部党建的品牌，都是党员在党建活动中的创造，都具有永久性的价值。

[链接]

品牌是形象，更是引领*

有同志可能会问，支部党建又不是商品，还需要品牌吗？我的回答是肯定的。支部党建也需要创建品牌，它不仅是一个支部的形象，更是对内对外的一种精神引领。

品牌是形象。许多外地人到北京，首先想到的是全聚德烤鸭；到了天津，首先想到的是狗不理包子，这就是品牌形象的作用。说品牌更是引领，是因为它对内是对品牌创建者、持有者的一种追求、一种约束，对外是所有同行、所有同道的一个学习的榜样、学习的标杆。全聚德烤鸭、狗不理包子的品牌之所以经久不衰，就是因为他们一直在努力用质量维护自己的形象。商品如此，支部党建亦是同理。原国家人口计生委宣教司党支部在党建工作中陆续推出的"我说时事""我来主持""读讲一本书"《共享笔记》"共享 e 站""听说读写练"等等，对于我们自身来说，刚开始就是一个个开展党建活动的形式和载体，而当它们被外界认可或者说成为品牌之后，便成为了我们支部的一个形象，我们要不断努力地去做好它，维护它的声誉，这又成为了我们支部的精神追求和行为约束，我们支部的

---

* 作者施春景，国家卫生计生委家庭司原巡视员。

党建就是在这样的自我追求和约束之中不断发展进步的。而在我们与外单位联学过程中或者应邀外出介绍支部党建的经验时，许多做法被其他机关支部认可，成为了他们学习模仿的榜样，你说这不是品牌引领的力量吗?

还有同志会说，我知道支部党建品牌重要，但是创建一定很难。很难吗? 其实不难。创建党建品牌，我想做到以下几条就不难。

一是要有做好党建工作的愿望。从我们支部走过的路程来看，只要你有做好党建工作的愿望，努力去创新支部党建工作，再有那么一点点品牌意识就行了。我们支部的"我说时事""我来主持""读讲一本书""《共享笔记》""共享e站""听说读写练""四色花"团队等做法，还有后来不断总结出来的"党员主体工作法""共建共享工作法"等等，都是张建同志带领支部的党员同志们一起创建的。其实开始并没有想要什么品牌，只是想如何做好支部党建工作而已。

二是要持之以恒。开展一个活动也好，开辟一个栏目也好，要长期坚持下去，不能像狗熊掰棒子，掰一个丢一个，那样也成不了品牌，也就是说要有点品牌意识。我们支部2006年开始每周一"我说时事"，2007年开始实行"我来主持"，2008年开始开展"读讲一本书"活动，2009年又推出了人人参与书写的《共享笔记》，2010年在网上建立了"共享e站"等，都是从建立了就一直坚持进行。虽说一开始没有什么品牌意识，但是坚持下来后不知不觉就成了品牌。"我说时事"从2006年开始进行到2013年部委撤并共讲了215次，平均每人讲了十几二十次;《共享笔记》从2009年手手相传，我们写满了8大本，将近30万字;"读讲一本书"活动更是因为坚持得好且取得实效，才得到了委机关党委乃至中央国家机关工委的肯定与推介。

三是要注重实效。既然是创建品牌，就必须保质保量，如果党建工作只为品牌而做，没有取得实实在在的成效，那这样的党建品牌我们宁可不要。我们支部随着党建活动的不断深入开展，同志们的精神面貌焕然一新，党员同志们的语言表达能力、逻辑思维能力、综合协调能力都有了很大的提高，业务工作不断创造佳绩。思想水平、工作成效和党建品牌同步发展，这才是我们所追求的品牌效应。

最后再举一个党建品牌创建的例子。前不久，中国卫生计生思想政治工作促进会在苏州召开会议，推出了"听书记说"论坛，十几位党委书记、支部书记上台演讲，不拿稿子，不背稿子，而是用心去"说"自己对党建工作的认识和如何当好书记的故事及感悟，现场反响强烈，与会的书记们纷纷点赞，新华网做了网上直播。中央国家机关工委组织部副部长马小兰在总结点评中说:"今天的'听书记说'论坛，书记们不是'讲'，而是'说'，一个字的变化，让我感受到，原来书记会说话。"她高度评价了"听书记说"论坛，这也将成为中国卫生计生思想政治工作促进会的一个品牌，我们会一直坚持下去，为书记们搭建好这个平台，让书记们在这个平台上尽情地去说出自己的故事，说出自己的感悟，说出自己的精彩人生。

NO.28
"听说读写练"是怎么回事？

日常基本功

有一次，我们和新疆生产建设兵团的党务干部们一起交流联学，《光明日报》的一位党支部书记也参加了这次活动。活动结束以后他写了一篇报道，题目是"有这样一个朝气蓬勃的党支部"，内容说了他参加活动的体会，把我们的活动概括为"听说读写练"，很符合我们的实际。这篇报道还被中宣部阅评组评为优秀新闻稿。

我们经常开展活动，已经在国家机关支部党建工作中小有名气，但是还是碎片化的，还不成系统，经过这样归纳后，就把我们的活动理念、目标、机制、内容形成了一体，就有了支部党建比较完整的逻辑框架。从此以后，我们就有意识地按照"听说读写练"的要求展开活动，逐步形成了具有自己特色的品牌。

一是"听"，我们有"走出去听""请进来听""交流倾听"，主要解决听什么和怎么听的问题。这个听，主要是要听百姓的呼声、人民的心声，通过空间上的"零距离"调研，达到心灵上"零距离"的感知。通过"零距离"的形式，获取老百姓真情实况向领导反映，为国家制定方针政策进言献计，自觉践行全心全意为人民服务的宗旨。

二是"说"，主要是要提高党员公务员的能力，学习能力、思维能力、表达能力、综合能力。我们对说的要求很高，活动形式也很多，例如"我说时事""我来主持""读讲一本书"等等，而且是不念稿子站着说。这对提高党员公务员的综合素质帮助很大。

三是"读"，通过"读讲一本书"，以一人的精读引导多人的思考，以较少的时间投入换取较多的学习效果，让思想深处的收获实现共享，加深学习活动，重点在思想理念、党性修养和表达展示方面都能显著提高。

四是"写"，写心里话，不写八股文，倡导实事求是的学风和文风。通过手手相传撰写《共享笔记》，力求文风平实不说套话、大话、空话。这方面的益处在机关公文写作和司里组织日常宣传动员工作方面得到了验证。

五是"练"，还含有"炼"的意思，我们有"深入基层锻炼""外出交流历练""勇挑重担磨炼"活动。练和不练大不一样，利用一切机会让同志们特别是青年干部多多锻炼，帮助他们尽快成长，尽快进入岗位角色，做一个有担当的党员干部。

有人说，"听说读写练"只是一种形式，我不太赞同，因为这种形式的本身就承载着支部党建的思想和内容。对于机关党员公务员来说，这些都是日常的必备基本功，如果支部党建不能结合这些内容让中青年公务员"沉得下去接地气，拾起工作担责任"，那我们的支部党建就缺少了一项很重要的内容，就很难适应大家工作岗位的业务需求，就容易产生"两张皮"问题。

〔链接〕

说说心里话*

我们司的支部党建有特色鲜明的活动，概括起来就是"听说读写练"。我们支部党建的核心理念就是以党员为主体，充分调动和发挥党员的积极性和创造性，促进大家积极参与、共同进步。像"我说时事""读讲一本书"等都是体现党员主体作用的具体活动形式。这些活动支撑了宣教司支部党建工作，没有活动就缺乏生命力。应该说，宣教司每一个同志都在支部党建工作中成长获益，特别是年轻同志。比如金婷同志读讲《苦难辉煌》《老兵哥》《离骚》等书，讲得都比较深刻、生动、感人。在工作中，她起草的领导讲话和工作文件，质量比

---

* 作者顾法明，中华医学会纪委书记。

较高,除了她个人素质和后天努力之外,这些年的工作实践和支部党建也培养和锻炼了她,加速了她的成长。再比如,石雅茗同志,作为一个硕士研究生,多年来默默无闻地在宣教司秘书岗位上认真工作,毫无怨言,领导交办的任务、同事委托的事宜,以及许多繁琐复杂的事情她都一丝不苟地处理,办理卓有成效,在我眼里她就能体现出一个共产党员的先进性。可以说,我们支部的每个同志都有其不可替代的先进性。

同时,宣教司支部通过这些具体活动,也在逐步凝练着团队的核心文化,那就是"共享";逐步明确了努力的方向,那就是实现"精细化工作"。"共享"是我们做好人口计生宣教工作和基层支部党建工作的一种思想,也就是重要的为人处世之道。正如张建同志所说:"贡献你的思想吧,你不会因此而减损,而我会从中受益必予回报。"我们撰写《共享笔记》,打造共享空间,力求达到"美人之美,美美与共"的境界。"精细化"是现代管理的重要理念之一,也是衡量工作成效的重要指标之一。在与其他部委交流时我发现,大家无论工作任务多么繁重,无一不在强调"精细化"工作的重要性。我们现在提出"精细化"工作的要求,就是要通过完善和处理好细节,去粗取精,精益求精,提高效率,力求取得最佳工作效果。

我认为,做好基层支部党建工作,关键在于党员的积极参与,在于单位一把手的作用,在于和单位自身实际相结合,在于形成长效机制。而衡量一个支部党建工作的成效,我认为,主要有两条，一是是否促进了中心业务工作的科学发展，二是是否促进了干部队伍的健康发展。

〔链接〕

一定是站着发言[*]

无论大会、小会，发言几乎都是规定动作，再平常不过了。但平常的事情，却蕴含着不小的学问，体现着发言者的心态和理念。其中一条重要的经验就是，一定是站着发言。

站着发言和坐着发言差别大吗？我的回答是，非常大！

站着发言，更能体现发言者对现场听众的尊重——大家都很努力，未见得比你做得差，花费时间和精力听你讲，值得充分尊重。

站着发言，更能体现发言者对会议主办方的尊重——那么多人可以发言，主办方却选中你，不应该发自肺腑的尊重和感谢吗？

站着发言，更能体现发言者对自己的尊重。每一次会议都是机会，如果不打起精神、奋力而为，岂不愧对自己的内心？

我们深深觉得，站着发言是尊重、是感恩，是真心、是诚

---

* 作者姚秉成，国家卫生计生委办公厅研究室副主任。

意。而且在站着发言交流的过程中，我们可以环视全场，随时捕捉现场听众的眼神和肢体语言，更有针对性地及时调整发言的内容和方式，形成良性互动，大大提高发言的效果。当你以谦虚真诚的心态站在大家面前的时候，你也同时站到了他的心里。

原国家人口计生委宣教司一直倡导和坚持站着发言的理念，赢得了广泛好评。我举个具体例子。2012年9月初，宣教司党支部与新疆博州人口计生委进行党建工作联学联创活动。在会前准备时，我们提出要站着发言。一开始，博州的同志坚决不同意，说让上级领导站着、他们坐着，太不礼貌了。但在我们的一再坚持下，对会场进行了重新布置，预留出站着发言的位置。正式开会时，我们从司领导到普通干部，5位同志全程站着发言交流，听众们反响热烈。博州人口计生委党组书记刘燕不无感慨地说："这么多年来，我们从来都是坐着发言，站起来都不会说话了。宣教司的做法给我们很大启示，我们要向你们学习。"

NO.29
如何开展读书活动？

读得好讲得更好

读书是大家都很喜欢的事情，但如果只是自己一个人读，那叫"独乐乐"，如果能把读后感说出来给大家听，那就叫"众乐乐"。思想精神这类东西，不像物质的东西，一个苹果分给12个人是不好分的，或者你给我一个，我给你一个，也没有多出来什么。但是思想成果一人说出来，12个人都受益。我们的读书活动重在讲，读得好讲得更好，讲得好才能有一人唱歌众人和的效果，所以我们的活动叫做"读讲一本书"。

记得第一次"读讲一本书"是在学习例会上，党支部组织委员、副司长施春景同志讲濮存昕的一本书《我知道光在哪里》，她入心入情联系实际的述说，引导大家进入了隽永又高深的境界，给"读讲一本书"开了个好头。

作为机关干部和党员公务员，谁没有看过几本书呢？谁能没有一些深刻的思考和独到的见解呢？说出来吧，让我们共享！随后支部的"读讲一本书"活动，大家一个接着一个，不用动员，抢着报名，每人讲出的读书体会都各有亮点，老中青同台相学相长，3个月不讲还憋得慌。

　　印象比较深的是蔡菲同志读讲的《居安思危》。这是一本总结苏共亡党教训的大书，30万字左右。蔡菲同志要讲，我跟她说，苏共亡党让我们老同志讲差不多，年轻人能讲什么呢？她说您就听听我们年轻人怎么讲吧。我真的不认为年轻人能讲好苏共亡党这个大课题。结果我一听，非常震撼，评论时我发自内心地说："我是肯定讲不出她的水平的。"有一次，我遇到该书作者本人，我说我们司有个年轻同志蔡菲，读讲这本书讲得真好，他点头微笑，他没有听过蔡菲同志讲，怎么会相信呢？我得让他相信呀！蔡菲同志形象好，声音好，她结合年轻人的思想实际讲故事，引发听众思考。那么厚的一本书她只用了15分钟，句句是精华。这里不用15分钟，我就引用她说的半分钟的一段话，看看她是怎么说的："安泰离开了大地母亲，自然就失去了力量，很容易被他的敌人所消灭。我们共产党人离开了人民群众，不用敌人来消灭你就自亡了。苏共最强大的时候2000万党员，一夜之间瓦解，没有一个党员站出来。对于我们党的命运，我们年轻党员要有担当。"你听听，短短一段话，就把苏共亡党的原因剖析得鞭辟入里，胜过我们常讲的那么多道理，那么多分析。因为讲得好，在后来的日子里，她陆续受邀到三四十个部委机关和单位讲这15分钟，我只能当陪同。

从蔡菲读讲《居安思危》，我们可以领略到年轻党员的风采。她的理想信念比我坚定，我的感情因素多一些，她是更重理性，关键是我们党的未来要靠他们这样的年轻人来担当。对此我充满信心。

有人可能会问：蔡菲同志的业务好吗？我会反问：蔡菲同志的业务能不好吗？她不论在哪个岗位都做得很优秀，她的学术成果和理论论著都直接被运用到我们的具体工作中了。为此我得出了一个结论：思想水平高的业务一定差不了，党建好的业务一定好。

这又说到了党建和业务的关系。我在想，古田会议为什么总结出"思想建党、政治建军"两句话。当时有一种观点，军队就是打仗的，能打仗就行。为此，毛泽东同志有针对性地提出"支部要建在连上"，在军队中牢固地树立了"党指挥枪"的思想。今天我们也有一些同志认为，搞业务就是搞业务，把业务搞好还要什么党建呢？对思想和灵魂这样的东西，很多人不以为然，认为党建就是给业务"添乱"的。实践证明，理念偏差的业务就会影响大局和方向，党建不强的单位和个人就会犯错误。当然这个党建是真抓而不是做样子。这些年，我一直想找到所谓党建好业务不好的案例，结果一个都没有找着，倒是看到不少业务好而不重视党建的单位，结果连书记都"进去"了。

2014 年，上级组织的领导跟我说，中央国家机关评选十大青年标兵，蔡菲同志是候选人之一，我没有想到。人口计生委不是容易出英雄的单位，宣教司的工作给人多少有点务虚的感觉，一位主任科员，没什么惊天动地的业绩，凭什么呢？原来就是由于她深入学习，深入基层，深入业务，在平凡的工作中做出了突出的贡献，在中央国家机关特别在青年干部中有很高的声誉，经常受邀和青年干部交流学习体会和成长经验，所以她说"登台演讲我最多"。如今，蔡菲已经从 10 年前的主任科员成长为副司长，成为年轻干部中的佼佼者。

学然后做

主任科员姚秉成同志要讲《杨善洲的故事》，我跟他说英雄人物不好讲，因为大家都比较了解，听得多了。他说他感动，他要讲，他讲"一个共产党员的一辈子"。他给杨善洲画了一个人生坐标：16 岁参加革命，35 岁成为县委书记，60 岁在地委书记岗位上退了下来。为了兑现他给保山人民的承诺，他住在荒山上的草棚里，义务植树 20 多年，把一个价值 3 亿多元的林场无偿地全部交给了国家，自己不留一分钱。他的老伴一直还是农村户口，他的大女儿也是农村户口，他用他的实际言行在保山人民和全国人民心中竖起了丰碑。姚秉成同志最后说："杨善洲同志有很多称呼，农民书记、粮食书记、草鞋书记、种树人、傻子，我最喜爱的就是共产党人！"我每次听每次都感动，姚秉成同志也多次受邀到一些部委和单位讲这15分钟。

姚秉成同志讲得好，他的理想信念也比我坚定，而且勇于担当勇挑重担。要说他的业务，大家都是交口称赞，重要的文章讲话没有问题，处置突发繁杂的事务不在话下。还是那句话：党建好业务能不好吗？

"读讲一本书"活动让大家把读到的书讲出来，让它得以升华得以共享，大家获益良多。这个活动迅速在国家人口计生委机关得到推广，后来中央国家机关又专门在我们委机关召开了各部委党务干部参加的推广会。"读讲一本书"活动在中央国家机关中脱颖而出，成为十大品牌之一，影响成就了许多青年。现在"读讲一本书"活动是全国卫生计生系统普遍开展的品牌活动。

〔链接〕

发现你的优势了吗？*

天生我才必有用。命运对待每个人都是公平的，每个人都有自己独特的优势。正如哲人说："世界并不缺少美，缺少的

---

* 作者杨志嫒，国家卫生计生委直属机关党委工会常务副主席。

只是发现。"

2010 年，我读了《现在，发现你的优势》这本书，作者是美国盖洛普公司高级副总裁马库斯·白金汉（Marcus Bukingham）。这本书讲解的是一套识别个人优势并将其发挥为才干的方案，最终目的是将才干变为优秀的工作表现。这套方案的核心是在网上进行的优势识别器（Strengths Finder）测试，里面有 34 个主导"主题"及其成千上万的组合。读者通过这些测试和这本书的讲解，来了解如何最有效地将自己的优势和才干转化为个人和事业的成功。这个长达 25 年的研究成果，旨在识别最普遍的人类优势。

这本书对原来我们固有的思维和做法进行了批判，提出："一个人要想成功，在于最大限度地发挥他的优势，而不是去弥补他的弱点。"它通过大量的研究，整合出一套优势识别器的工具，让你可以很清楚地识别出你的优势，并且能够实际运用。

我花了大约 50 分钟的时间，认真地做了优势识别器网上测试，得到了个人的 5 项主题优势。这个结果一出来让我惊讶！我不由自主地喊出来："太准了！"我兴奋！我骄傲！不由得对这本书产生了浓厚的兴趣，又逐字逐句读了几遍。

一本好书，每人的感受会有不同，我的感受是颠覆性的。短板理论影响了我们多年，好像总是在寻找短板，向他人学习，取长补短，才能提高。这些才干是跟随我们一生而无法改变的东西，好比是你做一件事不用费力就能把它做好，而别人要花好长时间与精力。对于我们的弱点我们要了解并学会加以控制，关键是控制而不是去弥补我们的弱点。我想，我们应该换一种思维，让我们的团队都由每个人的长板组成，让团队中的每个人都知道自己的长板，也就是自己的优势。作为领导者，要了解自己，更要了解团队中的每个人，把他们安排到合适的岗位，他们会自己激励自己。取长补短是就团队而言的，团队中每个人都发挥自己的优势，并将它淋漓尽致地发挥了出来；每个人都了解自己的短板，并控制自己的弱势，这个团队就一定能无往而不胜。

什么是成功？成功就是充分实现你的潜能。在外部条件给定的情况下，一个人能否成功，就在于他是否能准确识别并全力发挥他的天生的优势。什么是优势？优势就是一个人做一件事，不费力，而比别人做得好。一把钥匙开一把锁。每个人的成功都离不开对自身的明确定位和科学规划。张良运筹帷幄之中，决胜千里之外；韩信点兵，多多益善，他们都各有所长。试想如果他们互换位置，会有这样的千古佳话吗？每个人都是一个不同的自我，我们完全没有必要走别人的路，适合自己的路才是最好的路。我们只需要根据自己的特点，发挥自己的优势，依据能力确定目标，通过正确的途径、方法加以完成就可以了。发现你的优势，你将迎来一个崭新的自我，迎来一个崭新的未来。

后来，在"读讲一本书"活动中，我读讲了《现在，发现你的优势》这本书，分享了我的收获和体会，推荐大家读这本书，由此引发了大家的思考。宣教司党支部也就此开展了"品格形象自我认知"的活动，每个人都在这次学习活动中认识了自我，完善了自我。我相信，这次活动让我们每一位宣教司的干部都记忆深刻，受益终身。

[链接]

全民阅读从这里开始*

2017年3月30日上午，国家卫生计生委宣传司青年"读讲一本书"活动在全司同志的关注下举行。活动现场，国家卫生计生委机关党委的工会常务副主席和团委书记作为特约嘉宾，在评委席就座。

我作为借调人员的代表荣幸地站在了讲台上，与全司同志分享我读《医院党建故事100》这本书的感受。这一次是我第三次站在讲台上的读讲。此前，我在原国家人口计生委宣教司第一党小组活动中、在中国人口出版社举行的活动中各讲了一次。不久，我还将代表中国人口出版社参加国家卫生计生委在全系统举行的"读讲一本书"的选拔活动。

---

* 作者杨政瑞，中国人口出版社编辑。

工会常务副主席杨志媛同志对演讲者的点评，把我拉回到了 8 年前。当时我正读大四，在原国家人口计生委宣教司做实习生。在他们的共享空间里，有一个小小的书架，上面摆满了大家读过的书，都是推荐给其他同志共享的。我每个周末都会拿一本带回去看。在支部的学习活动中，"读讲一本书"是其中的一个重头戏，会上有人把自己近期阅读的书推荐给全司同志，并分享各自的读后感。奇怪的是，每次听完他们的分享，我都迫不及待地想要读书，想要与他人交流自己的感受，到后来就变成迫不及待地站上讲台了。

同志们乐于读书，更乐于分享。"读讲一本书"变成了一件特别快乐的事情。没想到，这个活动变得如此有生命力，8 年做成了中央国家机关的十大品牌活动之一，并在全系统普遍开展。每年世界读书日活动前后，就成了全系统的阅读季，国家卫生计生委在全系统举行"读讲一本书"活动，不论是国家机关还是直属联系单位都要举行活动并推荐各单位代表参加。

作为演讲者，同样的演讲尽管要重复 2—3 遍，但每讲一次都有新的收获，每讲一次都能得到听众各种各样改进的建议。从讲稿的完善，到主题的升华，从 PPT 的制作到演讲技能的改进，很难感受到重复带来的枯燥，相反，是满满的收获。

作为出版行业的一名工作人员，再没有比看到这样的场景更让我觉得兴奋和激动。做书者都愿意荐书，愿意看到捧着书的读者眼睛里的光芒，更渴望全民阅读时代的到来。而这样的活动，就是期许，就是动力。

NO.30
"精细化工作"是怎么提出来的？

始于"读讲一本书"

有一次，杨志媛同志要读讲《现在，发现你的优势》这本书，听上去就像一般初级励志的书，估计好不到哪里去。没想到听了以后醍醐灌顶。在讲这本书之前，我给大家讲过"木桶原理"，就是说一桶水的载水量取决于其中的短板，所以要发现自己的不足，克服自己的缺点，补上自己的短板，这么说应该没有错吧？杨志媛同志讲的和我说的完全不一样，她是从另一个角度看问题。她说："在今天这样一个全球化、信息化、多元化的条件下，重要的是发现你的优势，发扬了你的优势，缺点也可以忽略了。一个人不可能十全十美，但是在一个团队里，你只管发扬你的优势，你的不足会在团队协作中有人给你补上。"说得多好啊！我们的团队不就是这个样子吗？看上去每个人都闪闪发亮，好像看不见缺点。其实，人没有缺点那是不可能的。我们每个人作为个体不可能十全十美，优点缺点很清楚，但是团队却可以做到完美，每个人都发扬自己的优点，个体的不足都会被他人的优势所弥补。杨志媛同志说："如果我们大家都能知道并发挥出自己的优势，那该多好啊！"

"自我认知"活动

杨志媛同志这句话，引发大家讨论起如何认识自己优势的问题。我倡议开展了一个"品格形象自我认知"活动，请每位同志列出自己的4个优点，然后交给我，我把每人的优点汇总列表再发给大家，请大家对每个人的自我认知给出评价，是否认同用0—5分来表示。结果有诸多发现，其中有些自己认为的优点大家未必认同。

青年副处长姜雯同志有感于"自我认知"活动的收获，在《共享笔记》里写了自己的感想，题目叫做"让精细化工作成为我们的品牌"，谈到了"自我认知"活动让她重新认识了自己。我看到她写的这篇体会很好，就让她改一改打印出来给我，干什么呢？我要送给委领导看。她修改打印出来给了我，我就呈送给了委党组成员、副主任、机关党委书记崔丽同志，她看了以后的批语是："姜雯同志做出了理性思考与研究，很好。希望在实践中得到落实和深化。请李斌同志阅。"就这样，一位普通干部的文章就到了党组书记那儿，李斌同志不仅看了，还做了重要批示："文章写得不错，希望精细化在司里抓起来，抓出成效。"这不是一般的批示，而是重要的指示和特别的要求，要我们抓精细化工作，这就引发了全司精细化工作的持续开展和发展。全司同志热烈讨论，每人都发表了自己的看法，还写了许多文章，精细化工作就成了全司同志的共同追求。很快，我们办文、办会、办事三个方面精细化工作成效显露出来，成为了我们支部党建的品牌。

形成共识

精细化工作不只是精细化管理，作为党员公务员，更多的是激发党员个人的责任感和主动性创造性，管是管不好的。

我们支部的精细化工作，一般都是由石雅茗同志在党建学习交流中汇报介绍的。她担任司秘书的职责，也是工作上最精细的人。就拿办文来说，她每天都要处理大量的文件。平常的"来文登记表"，上级有关部门都印制好了，你照着填就是了，但是在石雅茗同志那儿，她会更精细一些。她在登记表上还加了两栏项目，一个是"催办日期"，提前两天她就会提醒有关方面，还有一栏是"截止日期"，不是到了那一天了才着急查问。只要事情到了石雅茗同志手上，你就可以放心了。她多次受邀到有关部委单位介绍精细化工作的体会，她从抽水马桶说起，讲述邮政大臣的故事、沃尔玛的故事，结合她和司里的实际，把精细办文、办会、办事讲得生动具体，很受欢迎。有一次国家林业局的同志告诉我,他们听了石雅茗同志精细办会的做法,运用到在太原召开的全国会议上,效果很好,还特地打电话表示感谢。

精细化工作极大地推动了我们全面工作的质量和效率,更在思想学习生活各方面提升了党员的素质,对促使党员全面发展起到了很重要的作用。

由"读讲一本书"活动引出了"品格形象自我认知"活动,从活动中发现了一篇文章,送到领导那儿做了重要批示,推动了我们整体工作的提升,这是精细化工作对支部党建的贡献,也是支部党建深入持续开展的典型案例。

〔链接〕

让精细化工作成为我们的品牌*

精细化涵盖工作、生活的各个方面,精细化工作,是组织将目标分解到每个人的身上,把事项做到位,按规定的数量、质量和时间完成。精细化是一种工作习惯,一种精益求精的工作方式,时时、处处做好精细化,自觉进行精细化工作。针对自己不够精细化的性格特点,我对精细化工作进行了一番探究和学习,与大家共享。

---

* 作者姜雯,国家卫生计生委宣传司宣传处处长。

　　为什么要精细化工作？首先，社会主义核心价值观是社会的基本价值取向和个人必须恪守的基本行为准则，这就要求我们把握好自己，认真做好每一件事，要有执着的追求、坚定的信念和崇高的理想，要有责任心和使命感，工作要有恒心、细心和毅力，精细化工作是贯彻社会主义核心价值观的必然要求；其次，国家机关的工作涉及各项政策和决策，关系到国家和群众的利益，要求我们要有精细做事、精细管理的意识和严谨细致的作风，精细化工作是做好国家机关工作的基本要求；再次，在飞速发展的信息技术时代，工作流程精细化、标准化，要求机关公务员具有高素质、高效率，精细化工作是青年公务员实现人生目标的必由之路。

　　精细化工作怎么实现？首先，要实现工作思想上的精细化，在理念上要坚持正确的方向，在思想上要符合广大群众利益和社会发展，这是精细化的客观要求；其次，是目标任务要精细化，要把目标明确，把任务合理细分细化，用最短的时间、最小的成本高质量地完成各项工作；再次，是工作业务要精细化，在完成任务过程中，推进工作的规范化、标准化和精细化，保证工作各环节运转高效顺畅，这是建设效率型机关和责任型机关的要求。

　　希望我们在实际工作中不断地探索和实践，将精细化工作形成长效机制、打造成品牌。

〔链接〕

也谈精细化工作[*]

我认为，要做到精细化工作，关键是要有负责任的工作态度和认真细致的工作作风。

一直以来，我极为喜欢"负责任"3个字，说得大一点，是把它当作座右铭，当作自己的人生准则的。我对"负责任"是这样理解的：一个人活在世上，首先就要做到"负责任"。要对自己本人负责任，对家庭负责任，对工作负责任，对社会负责任。你要成为自己、成为家庭、成为他人、成为单位、成为社会的一个积极因素。当你用负责任的人生观工作和生活的时候，你才有可能成为这个"积极因素"，成为一个有价值的人。负责任地承担并完成好你一生的使命，就是圆满地实现了自己人生的价值。这就是我的价值观。

精细化工作，或曰认真细致的工作，要学会做有心人、用心人、细心人。做有心人，"有心"是前提，事事留心皆学问。"有心"了，才能了解方向，理解内涵；"有心"了，才能在大的方面不走错路，在新的方面跟上潮流，不断学习新事物，不断创造新佳绩。做用心人，"用心"是基础。我们做每一项工

---

* 作者施春景，国家卫生计生委家庭司原巡视员。

作，都要用"心"去做，这里的重音在"心"字上。心不在焉，心猿意马，都是无法实现精细化工作的。做细心人，"细心"是保证。如果我们以保证每一项工作都不出差错为基本要求的话，不细心对待每一件事就难以做到；如果我们以勇创一流业绩为追求目标的话，不做到精益求精，那就更是一句空话。

精细化工作是我们宣教司的品牌形象，它值得我们去追求，去奉献！

〔链接〕

"精细化"完美人生[*]

我曾任宣教司司秘书 7 年多。司秘书这个岗位工作特别琐碎，稍不注意就会出错。我做司秘书这么久，不但很少急躁，反而工作得有滋有味，与大家相处愉快，得到同志们的大力支持，这很大程度上得益于我们司精细化工作、艺术化生活的理念。

"精细化"来自我们支部开展的一项以完善自我为目的的"品格形象自我认知"活动，活动中姜雯同志首倡"让精细化工作成为我们的品牌"。后来，支部讨论制定了精细化工作逻

---

[*] 作者石雅茗，国家卫生计生委家庭司性别比办公室副调研员。

辑框架，还为大家推荐了相关书籍。支部要求我们，思想上精细化，就是对科学发展观有准确深入的认识，以人的全面发展为中心；作风上精细化，要我们联系机关实际，通过实际行动反映公务员队伍应有的价值取向和行为准则；工作中精细化，在办文办会办事时，注重细节，使业务工作不断得到提高。

支部还把精细工作制度列入《宣教司内部管理制度》，倡导精细化工作，锻炼党员干部细心办文、细致办会、细密办事，努力成为机关"精细化"工作的典范。

办文。2011年开始，我们在文件登记表上增加了催办日期和截止日期两栏，每天司秘书按照催办日期及时提醒经办人，确保文件在截止日期前办结。

办会。每次开会前全司讨论分工，详细列出每位同志负责什么工作，并明确完成时限。会务工作的实质就是服务。司里提出"如果我是参会人"这一衡量标准，要求我们时时处处站在参会人的立场、从参会人的视角审视我们的每一项工作细节，把每位参会人是否满意作为衡量我们工作是否精细的标准。

办事。每年年初，司里都开会共同讨论一年的项目计划，明确活动内容，制定完成时限，细化经费安排，确定责任人和协调人，并在工作中严格执行计划，专款专用，合理支出。司里设立专人专账登记司内经费使用情况，没有预算的费用不随便执行。我们司经费使用和管理公开透明的做法得到了委里肯定并推广。

　　"精细化"已成为宣教司同志在工作中的一种意识，大家是"我要精细化"，而不是领导"要我精细化"；是大家主动精细化"追求"，而不是司里进行精细化"管理"。

　　工作精细不精细，反映的是做人精细不精细。精细做事，精细做人，是非常珍贵的品质，也是一种美好的追求。做人，一定要认识到自己的不足，不断完善自我，人生才有意义。我想说，精细做事，才能快乐工作、生活；精细做人，才能成就完美人生。

NO.31

我们如何精细办会？

空气中弥漫着

　　每年我们都要召开一两次全国性的业务工作会议，这样的会议都是一个部门思想、作风、能力和水平的综合体现，大家都很重视。

　　2009 年，我们要召开全国综合治理出生人口性别比工作会议，大家在讨论的时候，有人问我："司长有什么要求？"我随口就说："现在倡导以人为本的理念，我们这个会能不能在空气中弥漫着以人为本的氛围？"说这话时我脑海里闪回到很久以前的记忆。那是 40 年以前，20 世纪 70 年代初期，我经常参加农田水利基本建设，那情景真像纪录片里放映的那样，人山人海、红旗招展、汗流浃背、你追我赶，全国都那样。中间休息的时候，文艺宣传队就上来了，唱歌跳舞好不热闹，有一次一个说快板的，蹦出了一句："椽子檩子都使劲"，我觉得很新鲜，记住了，但就不知道椽子檩子怎么个使劲法，我们又怎么能看得见呢？此事一直纠结了好多年。大概在 50 岁以后才知道怎么让"椽子檩子都使劲"。

怎么能在空气中弥漫着以人为本的氛围？大家讨论说首先要确立先进的办会理念，一般的办会就是我办会你参会，效果都不好，大家认为要确立"以人为本"的理念，需要换位思考。于是把"我办会你参会"变成了"假如我是参会者"，而且是一个挑剔的参会者，这个会应该怎么办？我们确定了"一对一"的服务方式，即 10 位同志每人负责联系 3 个省（市、区），每省 4 个人参会共 12 个人。比如说您报名参会，从报名开始，我们的小王就和你建立了联系，一直到会议结束。一般干部参加全国会对会务服务方面的感觉五味杂陈，没人主动提供服务会使你感到比较自由，没人主动招呼又使你感到不被尊重。

2009 年，还没有微信，我们想到可以利用短信为代表服务。假如你是参会者，在报到的前两天，你就会收到我们的"小王"发的短信："欢迎您参加全国综合治理出生人口性别比工作会议，我是小王，专门与您联系为您服务。现在我向您报告漯河地区未来 5 天的天气预报。您的航班抵达时我们将在机场出口迎接您。"出发当天"小王"还会与您联系确认时间地点和行程情况。由于报名工作细致，从代表走出机场或车站的一刻起，会务服务就开始进入运行状态。代表们一走进宾馆就被送入房间，房卡是提前办好的；进了房间桌子上已经摆放好了齐全的会议相关材料，代表证还嵌着一枚 U 盘，体现出无纸化会议的特点。会议期间，你能收到"小王"发送的 8 条温馨提示短信，如通知晚餐安排、确认明天开会安排等。

人经不住惦记，老有人惦记不知你是什么感觉？结果到了会场，你会看到大家的眼神不一样，有什么不一样？大家的眼里都充满着温馨暖意，都在寻找那个一直惦记自己的"小王"。一天半的会议结束了，大家依依不舍，怀念会议留给自己的太多温暖。你在返程的路上，还能收到"小王"的一则短信："感谢您对会议的贡献！会议因您更精彩，欢迎批评指正，下次我们相约再聚。"会议结束了，但大家还沉浸在以人为本的氛围之中。当初我随口而出的臆想，居然让我们司的同志们做到了。你想呀，温馨周到的短信连接着每一位代表，短信不就是通过电波在空气中传播的吗？会前会中和会后的温馨短信使代表深切感受了我们以人为本的理念，会议精神也得到了温暖有效的传达和落实，而且这种传递会后还将延续。

创造亮点

我们对重点工作紧抓不放，年年开大会推进，第二年全国综合治理出生人口性别比工作会议在安徽省合肥市召开。司里办会的同志又问我有什么要求，我真的不敢信口开河了，我要说摘个月亮，恐怕他们都能摘来，但我给不了他们梯子，那我就缺心眼儿了。我只说会议应该比上一次开得更好。怎么更好呢？除了原先好的做法以外，大家讨论如何经过我们的努力能多出亮点，结果一讨论，说了 20 个经过我们努力可以实现的亮点。所谓亮点，就是以往办会不曾有的。我举几个例子。

不念稿子。一般大会都是发言人在台上念稿子，大家对念稿子都很反感，因为发言材料大家都有，都看到了，再听就浪费了宝贵的时间，所以要让发言有效果，就要在发言上下功夫。我们从最初入选的 10 个地方单位中确定了 8 位发言者，要求他们把试讲的视频发过来看看，结果有 7 位都在念稿子，我们一个一个地帮助他们演练脱稿讲话，尽可能用自己的语言娓娓道来，去掉那些空话、大话、套话，经过他们多次练习，都做到了脱稿讲话。临开会的前一天晚上，我在现场让发言者试讲了一遍，看到他们个个精神抖擞，很是兴奋。第二天现场发言的时候，每一位发言者登场，大家都充满着期待，都十分认真地听，各地的经验和工作成果通过发言者用自己语言的组合反而给台下代表留下的印象更多更深，更是为树立良好的文风会风做出了示范。

特色展板。一般会议都会设计制作一些展板来丰富会议的内容，我们没有采用各地一般性的工作概述，而是选取全国在"关爱女孩行动"中最典型的 10 个故事，用关系女孩命运的动人事例，制作成 10 大展板，随机放置在会场后方或人流量大的地方。"无意栽柳柳成行"这种只是把展板内容从工作概述变为工作故事，看似无意其实有心的布展，收到意外的结果。展板前总有很多人在观看，这种看是认真地看，虚心地学，给人留下了深刻的印象。从此不再用那种用力不小、观众不多的展板走形式了。

讲台垫木。会场的台子很高，讲台也很高，宾馆服务员还非要在讲台上摆花丛，这样一来，个子不高的发言代表就比较尴尬。讲台有垫木吗？宾馆回复说没有，我们的同志和合肥人口计生委的同志协调，很快做出了两块垫木，每块12厘米高，可以按发言者的身高使用垫木，这样1米7的同志没问题，1米6的同志也没问题，1米5的同志也合适，这是对发言人和代表的尊重，没有尊严发什么言呢？

投影屏幕"戴帽子"。会场很大很高，明亮的灯光从顶上射下来，架在主席台两边的投影屏幕会看不清楚，照顾屏幕效果把灯光调暗则会场又显得太暗。我们的同志找到合肥市人口计生委那位心灵手巧的刘副主任，他用30厘米宽的轻薄PC板给两块屏幕各戴了一顶"帽子"，挡住了顶上直射下来的光线，会场很敞亮屏幕还很清晰。宾馆负责会场的同志说，这么多年都没有人给屏幕"戴帽子"，会后宾馆把"帽子"留下了。"帽子"留给宾馆了，想方设法解决困难的精神却留在我们的脑子里了。我感慨的是，世上无难事，只怕有心人，凡事只要有心去做，什么困难都难不住我们的同志，所以我说，还是人人是"动车"好。

　　会场音乐。开会前、会议中间休息时会场要不要音乐？当然要。要什么音乐？大家好不容易到安徽来了，能不能领略一些安徽文化呢？会前会间能播放一些黄梅调应该是不错的。一问宾馆，说是其他音乐都有，就是没有黄梅调。莫丽霞同志说不用跑出去买了，她很快从网上下载了十几首黄梅调歌曲。代表们到会场就能欣赏到黄梅调，这样的小事也值得一提吗？如果你想开好会，这些都是不能不考虑的因素。

　　移动扩音器。会议有进村入户的现场部分，我们事先实地体验了一下，发现解说员别在腰里的小型扩音器音量不大，一组 30 多位代表，只有最前面的几位代表能听见，这样势必影响现场效果。顾法明同志两次到市场上终于买到了经济实用的移动扩音器，移动扩音器跟在后面的代表群里，让所有代表都能清楚地听到解说，很好地解决了这个问题。这不是几百元钱的问题。我们经常见到一种情景，现场几十个人稀稀拉拉，后面的代表根本听不到解说员在说什么，你不考虑我，我就不在乎你，这样的现场参观考察多少是一种应付。

　　现场解说员。现场解说一般是解说员按照事先写好的解说词背得滚瓜烂熟，比较注重相貌和语言表达，有的还请当地广播电视台的播音主持人助阵，虽然看上去很光鲜，不能说不重视，但实际的效果实在不敢恭维。我们建议，现场解说员就请一些了解和热爱这一工作的同志或者志愿者，不看年龄性别容貌，讲普通话即使有一些地方口音也没关系，关键是要听内容、见情感。我还给他们讲了我们为什么这么要求的原因。有一年，我们到广州参观黄埔军校，我们恳请当地同志介绍一位讲得好的解说员，结果他们领来了一位姓黎的老同志，已经60多岁了，矮矮的个子，一副农民相貌，操着并不标准的广东普通话，看不出跟解说员有什么联系，但是他一开口就吸引了我们，只要听到他声音的游客都会聚集而来，越拢越多。他不仅讲展览内容，还融入自己的研究与思考，入情入理，我们听得津津有味，我认为这是我听过的最好的解说员。参观结束以后，我还请黎师傅做我们宣教司的宣传顾问。后来我陪一位领导又去了黄埔军校，我提议请黎师傅为我们讲解，结果管理人员告诉我，这种场合黎师傅不能上场，因为他是志愿者，不是这里的正式人员。此事真令人感慨，优秀解说员的标准是什么呢？

　　我又想起有一年我在山西永济县参观黄河大铁牛，给我讲解的也是一位60岁左右的老同志，也是一副农民相貌，但是丰富的知识和饱满的热情让我很是兴奋，我一下就记住了唐朝的时候我们就有了类似西服的衣服，因为牵着大铁牛的大铁人正穿着一件大翻领衣裳，类似西服吧。生动有趣的讲解真正起到了正能量的感化作用，过后我又陪同一位领导考察，我还想请那位老汉给我们讲，工作人员说这种场合要馆长亲自讲，结果讲得比那老汉差多了。为什么优秀的解说员都上不了场面呢？我百思不得其解。

合肥会议的现场讲解员都选自系统内熟悉热爱本职工作的一般办公室同志，效果很好，比那些长相好、声音美但不熟知工作又缺乏感情的"花瓶"式解说强多了。真情实感比字正腔圆重要得多。

精细办会并没有多花钱。精细化工作是支部党建提出的追求目标，追求的是作为党员公务员的高素质高水平，精细化工作的背后是艺术化表现和精细化的人生，工作起来就有了别样的心境，有滋有味，很有意思。

特别的电视电话会议

电视电话会议我们也能开得不一样。那年我们承办 6 个部委局联合召开的全国综合治理出生人口性别比电视电话工作会议，怎么能开得好一些呢？宣传委员杨志媛负责会务工作，她提出很多建议，其中有一项是在会议直播过程中插入相关的画面，丰富会议内容，她的建议说中了电视电话会议的弊端。我们根据会前和发言内容准备了大量生动有致的视频资料，准备现场直播插入。当她们和电信部门商量时，电信部门以"保密安全"为理由拒绝了。杨志媛她们坚持说服电信部门，让我们的同志进入他们的导播控制台，随时插播相关视频画面，从会前的暖场到每一位发言以及领导讲话，都有丰富的画面支持配合，让参会者开了眼界：电视电话会议还可以这样开呀！过去有时黑乎乎的、人员短缺、打瞌睡的画面没有了，增加了许多电视电话会议不曾有的做法，让这次电视电话会议成为了经典。

[链接]

大会发言不念稿子[*]

大会发言念稿子，是多年来一个不成文的做法，这种方式大家虽然觉得不好，但是也都这样做。结果就是发言的时候，听的人因为感觉有稿子，或者是看过了稿子，大多数人不用心听，或者根本就心不在焉。宣教司党支部从加强作风建设入手，从 2009 年的漯河会议开始，司里就定了一个规矩，开会发言不念稿子。

不念稿子，怎么发言呢？我们试着在确定了发言内容后，就和发言人商量，建立起他们脱稿发言的信心。对没有把握的同志，我们还请他们把准备发言的录像资料传过来，我们会具体在内容和表达上帮助他们进行修改，反复演练。

实际上，大家由于准备充分，到最后不仅不用念稿，背也背下来了。临开会前，我们都会在现场再演练一遍。凡是宣教司组织的会议，如宁夏会、安徽会、泰州会等等，发言人侃

---

[*] 作者王华宁，国家卫生计生委宣传司原巡视员、卫生计生政促会副秘书长。

侃而谈，并且在规定时间里完成了发言任务；大家听得也很投入，对发言很期待和赞赏，会议质量大大提高。

大会发言不念稿子，是小事，但也不是小事。它体现出来的，是我们的思想作风和能力水平。

[链接]

电视电话会议居然可以这样开[*]

"我们能不能进播控间指导切换画面？""我们能不能在会场摆放展板和宣传画，并且通过屏幕播放出来？"这是 2011 年 4 月，我们和电视电话会议转播部门协商时提出的要求。"我们这么多年办过很多电视电话会议，没有像你们这样的，不行！"他们这样回答。"怎么不行，过去没有也可以创新啊！"通过反复协商沟通，双方终于达成共识，最终我们成功举办了一次不一般的电视电话会议。

这次会议是关于出生人口性别比综合治理工作的。当时由于我国出生人口性别比持续升高，多年来一直在 120 上下，也就是说每出生 100 个女婴就有 120 个男婴出生。怎么降下来？特别是国家"十二五"人口发展规划提出要在"十二五"期末将这数值降到 115 以下，我们感到任务艰巨。

---

[*] 作者施春景，国家卫生计生委家庭司原巡视员。

综合治理出生人口性别比工作光靠人口计生一家是不行的，要联合相关的部委，借助社会各方面的力量一起做好这项工作。于是，我们联合卫生部、公安部、国家食品药品监管局、总后勤部、全国妇联共6家发文，开展一次集中整治"两非"（即"非法胎儿性别鉴定"和"非法选择性别的人工终止妊娠"，简称"两非"）专项行动。

做了大量协调工作后，6部门终于起草了文件，盖好了章。接下来6部门决定联合开一个电视电话会，以进行全国总动员。我们秉承着精细化工作的理念，想了很多主意改进电视电话会议模式，比如不要按照既定顺序一个地方会场接一个地方会场地播放画面，而是播放我们选定的会场画面。我们还在现场摆设了相关的展板和宣传画。开会时，我们的同志走进转播室，坐在切换台前，和他们的工作人员一起选取有效的优良画面，插入会议转播流程中。

电视电话会议后，反响特别好。电视电话会议转播部门的同志说："你们开了办会人员参与画面切换的先例。"各地参加会议的6部门的同志们说："虽然没到北京，但是看到了更多的现场，接收到了很多讲话发言以外的信息。没想到，电视电话会议居然可以这样开。"

NO.32
支部党建如何新媒体+？

支部建到网上

有一天，蔡菲同志跟我说，互联网已经成为大家日常不可离开的交流工具，支部可以把"支部建在网上"，开辟"网上支部党建角"。蔡菲同志提出，可以把《共享笔记》搬到网上，或者叫"网上共享笔记"，我很赞成。虽然对我们宣教司的同志们来说，每天都能见面交流，倒不至于那么急于网上交流，但"支部建到网上"的思想和做法却是很新也很重要，引发了我的一些思考。

世情在变，国情在变，党建的思路和方法也应该随之改变。今天的信息化时代，以互联网和手机为代表的新媒体已经成为我国社会生产生活不可或缺的重要组成部分，目前我国的互联网用户已经超过全球总量的 1/5。新媒体以前所未有的开放性、互动性和强大的传播功能迅猛发展，极大地影响着社会的舆论，影响着人们的思想观念和行为方式，人人都是信息的接受者和传播者，即时的互动更是厉害。

互联网和手机这样的新信息载体和传播平台，既是社会思潮的集散地、意识形态的较量场，也是先进文化的沃土，更是社会动员的大课堂，我们不能视而不见、无所作为，更不能逆行反施。我们必须主动迎接这个对执政党、执政能力的挑战，抓住机遇，抢占先机，介入、引导、组织、发展中国的互联网和手机新媒体，将它们作为了解舆情民意、实行民主监督、促进基层党建、推动社会文明进步的平台，拉近党员和党组织的距离，拉近群众和党的距离，号召群众了解、参与、支持党的建设，真正践行执政为民的宗旨。

通过网络手机新媒体，学习型组织建设、党内民主建设、基层组织建设、作风建设和党内监督廉政建设以及科学化制度建设等各项工作都能有效地开展和推进。

把互联网发展和党支部建设相结合，我们认为大有可为。哪里人气最旺，哪里就有党建活动；哪里矛盾问题多多，党的基层组织作用就发挥到哪里。不留"空白"，不留"断层"。不脱离实际，不脱离群众，不脱离基层，支部建到网上是个好办法。

"共享 e 站"

正是基于此，我们支部在中国人口网上开辟了"共享 e

站"。2010 年 6 月 16 日，在机关党委和办公厅、中国人口网的支持协助下，宣教司的"共享 e 站"在中国人口网开通了，这是大家"支部建在网上"计划的开始。支部决定由新闻处处长莫丽霞任主编，司秘书石雅茗任站长。从此，宣教司党建的"动车"在信息化的"高速路"上跑了起来，联系了更多的人，影响了更多的人。

[链接]

把支部建在网上*

关于"共享 e 站"的创建，记得我与张建同志有这样一段对话："我们现在的《共享笔记》是用笔来手写的，这种形式很好。但现在年轻人喜欢用 BBS、博客等，在网上交流很多，能不能咱们支部也搞一个网上交流的平台，在网上建个党建资料库，把工作的动态和照片、资料等记录下来。"我的提议得到了张建同志的支持，很快我们就开通了网上"共享 e 站"。

我们的"共享 e 站"就成了一个窗口和平台，也是我们的一个资料库，所有活动的视频、照片、工作动态，都在上面有所记录。每次出去联学联创的时候，都会跟对方介绍一下我们的"共享 e 站"，大家看完了以后，都觉得挺有意思的。

---

* 作者蔡菲，国家卫生计生委家庭司副司长。

"共享 e 站"起源于《共享笔记》，但又不止于《共享笔记》。"共享 e 站"里，包括《共享笔记》、"听说读写练"的内容、"我说时事""读讲一本书"活动中每个人的文字稿、PPT 以及视频，上面都有。"共享 e 站"已成为我们支部的网上精神家园。

可别小看了"共享 e 站"，对于我们之间沟通感情、维系联络发挥了大作用。比如顾法明同志虽然在新疆挂职，不能回司里，但是他经常上"共享 e 站"来看司里又搞了什么新活动，他有什么想法也可以通过网络及时地跟我们交流。有的时候，他还会把电子版的《共享笔记》发过来，让我发在"共享 e 站"上。

平时，维护"共享 e 站"的是第一党小组组长石雅茗，她全权负责约稿等工作，精细而周到，充分展示了她的先进性，也为支部留下了一笔宝贵的网络资源。

"共享 e 站"还有一个好处，就是通过网络把党建生动化了，党建变得更鲜活，而且就在身边。我们支部的党建，已融入到各个方面，不是为了党建而党建。我们上网也可以发一些照片，都是很鲜活的东西，可以拉近年轻人的心，凝聚更多的年轻人来关注党建。

[链接]

微信版"共享 e 站"[*]

宣教司支部党建让我受益匪浅，也深深影响着我，以至于退休之后，很多社会组织邀请我加入，我还是选择了跟党建有关的中国卫生计生思想政治工作促进会，虽然兼职没有薪酬，但我还是愿意做我喜欢的事，而且乐此不疲。

2016 年 12 月我刚退下来时，参加了一次卫生计生政促会的学习例会，会上讨论如何发挥新媒体传播党建和思想政治工作信息的事情，我们不约而同地说起了当年宣教司支部的"共享 e 站"，那时是网站，现在能不能把它放到微信上。卫生计生政促会的微信群人数很多，都是全国卫生计生系统的党务工作者，才不到一年时间，就已经汇聚了六七百人，一个群 500 人封顶，我们就又设了第 2 个群，名称就是"中国卫生计生政促会"，如果能用"共享 e 站"这个名，不就是很好的一个品牌名称吗？就这样，微信版的"共享 e 站"就诞生了。

目前，我们有"共享 e 站（一）"500 人、"共享 e 站（二）"209 人，我们的队伍还在扩大，不断有关注和热心的党务工作者闻讯加入。虽然没有设立总编之类的，但我实际担当

---

[*] 作者王华宁，国家卫生计生委宣传司原巡视员、卫生计生政促会副秘书长。

了这个职责。每天我都编发大量的信息，我们有"书记论坛"，有"听书记说"，还有"共享笔记""娜娜心语"等等，还有很多各地、各级党建和思想政治工作的品牌栏目和各种信息。尽管人很多，但是没有滥发信息的，满满的都是正能量，大量丰富的故事和体会，"共享 e 站"成为党建和思想政治工作的交流平台。

同时，我们把"中国卫生计生思想政治工作网站"也起了一个品牌的名称"共享 e 站"，我相信它一定是全国党建和思想政治工作中一颗璀璨的明星。

NO.33
如何取得上级党组织的支持？

添彩不添乱

机关党建的第一句话就是"服务中心"。上级党组织的决策部署和目标任务，我们支部每次都是第一时间响应。因为党支部的工作就是在上级党组织的领导下进行的，所以上级党组织是机关党建的领导者和组织者。作为一个支部，首先就要接受上级党组织的领导，特别是对于"规定动作"，必须认真做好并有所创新，真做而不是应付，坚决不走过场，不搞形式主义。

委领导和机关党委经常对我们的支部党建给予指导与鼓励，对于支部根据自己的情况和党员的要求自主开展的活动，就是所谓的"自选动作"，我们一定要向上级党委报告，争取上级党委的指导和支持。支部一有活动就请机关党委的领导和同志们莅临指导，一起学习，共享成果。

主动请指导

我们开展"我说时事"活动，邀请机关党委的领导参加我们的活动并给予点评；开展党员演讲活动，我们请人事司领导来给予了鼓励和指导。过了不久，中央国家机关工委的领导来我们机关调研，机关党委就安排了到我们司听取"我说时事"现场报告。原定 20 分钟，让领导同志感受一下就行，结果领导听了一位党员讲完，引发了兴趣，又接着听了两位党员的发言。应该说，这种让党员说的形式给领导留下了深刻印象，不几天，中央国家机关召开机关党建座谈会，就邀请我们支部参加并介绍做法，中央国家机关工委的领导和同志们总是不断地关注和支持我们，并在支部工作法等方面给予了具体的指导，先后 3 次评审我们的支部工作法，使我们的支部党建科学化水平不断提高。也为我们提供了多次学习交流的机会，这种交流学习不断地推动了我们支部党建的提升和发展。

[链接]

境　界*

一项工作或是一级组织，获得上级组织的重视支持，需要

———————

* 作者张璐，中央国家机关工委宣传部部长。

具备这样三个基本要素：第一，所开展的工作正是形势所需、上级组织所想；第二，形成的经验可复制、可推广；第三，带头人热心投入，并有真知灼见。这些，张建同志所带领的原人口计生委宣教司党支部都做到了。除此之外，还有一点，可不是一般支部所能做到的，那就是他们有一种精神，这种精神不仅激励自己，更感染我们，甚至在带着我们前进！

总结支部工作法始于 2012 年，当我们有此想法时，正值张建同志在支部推行"听说读写练"工作方法，我们去调研，深受启发，感觉这条路子是对的。"听说读写练"就成了一个示范、一个模板，让大家在推进总结支部工作法时有了一个清晰可见的形象。是啊，这些做法、这些党员、这些故事，就在我们身边，但真正变成有意识的自觉，是宣教司党支部首先走出了这一步！成为我们推广支部工作法的一面旗帜！更可贵的是，张建同志和他的支部党员们以身示范，在繁忙的工作中挤出时间，帮助我们不遗余力地宣传工作法，他们所到之处，让大家都很感叹"原来支部工作可以这么做"。

总结支部工作法的工作得到了习近平总书记的重要批示，要求我们坚持开展下去。5 年来，我们以钉钉子精神，围绕总结推广支部工作法持续用力，中央国家机关的支部建设有了长足的进步，已经有超过 60％的支部正在开展这项工作。可以说，宣教司党支部的贡献是不可磨灭的！

我在想，他们这样做为了什么？为了获得上级的认可？

为了各种荣誉？都不是，我想是在他们心中，尝到了"甜头"。这个"甜头"是他们工作价值的实现、自我价值的实现，还有就是每一个党员对自己所在支部的认可。他们以支部为荣，他们热爱它，所以愿意热情地探索，愿意把最好的形象展现给所有人，告诉大家这里有春天，春天就是这个样子的。即便是今天，他们已"散作满天星"，但春天仍然在他们心里永驻！他们依然满怀深情地从四面八方聚在一起，给你讲支部的故事，讲他们成长的故事。支部不就是培养人、影响人的地方吗？支部不就是播撒种子的地方吗？这不就是支部工作的最高境界吗？

NO.34
如何向兄弟支部学习？

联学联创

和兄弟支部一起联学交流，是我们向兄弟支部学习的主要方式。只要是"规定动作"或支部活动，我们都会想到和兄弟支部或外单位党组织一起联学交流，我们把这种方式叫做"联学联创"，开展已经有五六年近百次了。

机关里每个支部都有自己的特色，或者说都有各自的优势，那么怎么才能学到兄弟支部的长处和优点呢？我们的体会就是交流互学。和外系统单位支部交流，和本部委其他司厅局支部交流，只要有机会就交流互学，那些年我们支部和其他单位党组织联学交流大大小小差不多有上百次。每一次交流，都充满了期待，而且收获满满。

交流这种形式本身就是一种优势互见大家都喜欢的好方式，最适合支部党建开展活动。每次活动不用我操心，党员愿意做的事都会做得有滋有味，就跟开 party 一样，但内容是党建，这是多么美妙的感觉啊！因为我们支部的学习有了一点名气，主动找我们交流学习的很多，结果就是越交流越想学，越交流收获越大，提高越快，相互学习、相互感动，谁要是因故缺席还真是遗憾呢！

[链接]

兵团老兵项瑞芝[*]

2011年10月和2012年4月，宣教司支部和新疆生产建设兵团党务工作者培训班进行了两次联学联创活动。如果没有这个党建的平台，我们可能永远不会了解兵团真实的工作生活和真实的人，更不会认识一个叫做项瑞芝的老兵。

在面对面交流情况时，兵团的同志讲述了他的故事。项瑞芝同志是四川人，任农七师137团阿吾斯奇牧场党总支书记。阿吾斯奇牧场位于与哈萨克斯坦接壤的边境线上，海拔在1500—3000米之间，每年无霜期仅有80天，暴风雪袭击长达半年之久，积雪往往厚达3米。每当暴风雪肆虐时，形成强大的风雪流，瞬间将整个牧场变成灰蒙蒙能见度几乎为零的死亡之地，属于"不宜人类居住的地方"，暴风雪天气冻死人的事经常发生。1981年，项瑞芝从乌鲁木齐某部队转业到了阿吾

---

[*] 作者刘哲峰，国家卫生计生委宣传司新闻处处长。

斯奇牧场，一待就是 30 年。30 年来，他自学畜牧养殖技术，从放羊做起，当班长、排长、连长，一步步走上教导员岗位。2006 年起，担任阿吾斯奇牧场党总支书记、教导员。30 年中，阿吾斯奇牧场曾经有 8 任场长升职离开了，而项瑞芝一直坚守到了现在。30 年来，每当暴风雪险情发生时，项瑞芝总是不顾个人安危站在最前面，冲在第一线，带领干部牧工抗击着一场又一场风雪灾害，每一次都经历着一场生与死的考验。30 年的时间里，项瑞芝也想到过离开。他想离开这个恶劣的生存环境，想提高家庭的生活质量，改变儿女们未来的命运。他也曾有几次离开的机会，老战友曾提议让他到乌鲁木齐开发区工作，然而，每次面临抉择，他想的最多的就是"再苦也得有人坚守"，最终还是选择了留下。最难能可贵的是，理解他、支持他的妻子始终陪伴着他，在阿吾斯奇牧场牧羊。常年的暴风雪让这位来自天府之国的美丽女子过早地衰老了容颜，而她仍然默默地坚守。

项瑞芝本人就安静地坐在交流现场，是一位非常不起眼的普普通通的"小老头"。听完他的事迹，同志们带着眼泪纷纷发表感言。我也掩饰不住内心的激动当场握住老项的手，给他鞠躬："老项，我向你致敬！老项，你是真正的英雄，纯爷们儿！您的爱人，是最美的中国女人，请接受我对你们的致敬！"那一刻，我们被深深地震撼了，正是像项瑞芝这样普普通通的党员，一个平凡的党支部，像钉子一样地扎根在基层，这才是我们国家得以安稳的基石。这些党支部和普通党员们，在本职岗位上坚持着理想和信念，如此有生命力地运转着，他昭示出来的，正是执政党、社会、国家所拥有的健康自洁的能力、坚持方向的能力和可持续发展的能力。这就是我在联学联创中从兵团这个老党员的身上最直接看到的、学到的和感悟到的。

相信参加过宣教司特色党建活动的同志们都会有所收获，如果没有党建这个平台，我们很难跟别的部门、领域以及地方党组织之间进行这样直接的交流。这种党建打破了行政职能、地域区划和职务级别之间的界限，让党组织扁平化，扩大了党组织内的聚合效应，让党员之间的沟通更加真诚直接。在党建的平台上，我遇上你，你遇上他，极大地开阔了视野和心胸，巩固了同志们战友般的感情。

NO.35
如何评估支部党建的成效？

软硬标准

我们司的业务工作做得不错，每年的任务目标都能圆满完成。有人问我，这跟你们党建有什么关系？我说支部党建是我们做好工作的保证，怎么能没有关系呢？就拿综合治理出生人口性别比工作来说，我国出生人口性别比连续5年下降，完成了"十二五"规划的任务，我认为其中支部党建的功劳不可磨灭。面对艰巨的任务，我们全体同志动员起来，推动全国综合治理出生人口性别比工作的进展，这是全国的同行都可以作证的。如果没有支部的"零距离调研"，我们就拿不出最好的综合治理出生人口性别比工作规划，这一规划获得了中央国家机关公文大赛的一等奖。如果没有支部党建的"精细化工作"，我们开不了那么好的全国会议，全国同行的决心、士气和积极性以及创造性就没有那么高。这些年有数不清的工作，没有支部党建的引领和保证，要完成这么艰巨的任务是不可能的。

　　支部党建听起来比较虚、比较软，好像不能量化，这也是多年来重业务轻党建的一个重要原因。考核评估的问题不解决，就不能引导党建工作向好发展。具体来说，一个是标准的细化问题，再一个是指标的量化问题。关于标准，有一些共性的标准，或者说硬性的标准，比如说是否完成了既定的任务目标，是否发生了事故和违纪违法问题，这是比较容易看到的。还有一些硬性的指标也比较容易考核，只要用"数"和"物"来表示就可以了。对于党建工作的考核，有些容易考核，也有些不容易考核。从党的建设的五个方面来说，组织建设比较容易考核，比如"三会一课"的落实情况、党费缴纳的情况一查就清楚；制度建设也比较容易考核，健全不健全一看也知道；党风廉政建设也比较好考核，是否有违纪违法问题也是明摆着的。比较难考核的是思想和作风两大建设，只要没有硬伤，国家机关里谁和谁能差多少？

　　从我们支部的实践来看，党的建设的五个方面是密切联系的，不能分割开来。比如说"三会一课"，你要看会议记录，可能都有，但实际的效果各单位相差甚远。有的实事求是，记录的和实际的完全符合，有的记录有虚假成分，只是为了应付检查，大家心知肚明，产生的负面影响非常恶劣，这是自欺欺人，还不如不检查。组织制度不能没有，关键是看实际效果如何，还要从思想作风等方面来考核。我对支部党建的考核体会，简单地说是一年看精神，两年看业绩，三年看进步。

所谓一年看精神，是说支部党建的基本状况可以通过一般党员的精神面貌来判断，至少可以分为很好、较好、一般、较差和很差 5 个档次。这种主观感受我们都不难获得，就是党员个体的精气神，作风建设的水平状况可以从成员的言谈举止可见一斑，只要通过少数成员就能看出。而如果一个支部中不同成员看法和表现差异较大，则可以断定整体的水平不高。党建的成效在成员的精神面貌上不用很长时间就能看出来。党建是凝心聚力的功夫，是铸魂的事情，所谓"上下同欲者胜"。

两年看业绩，是说党建的成效从业绩上两三年可以看出来。一般人说到业绩考核首先想到的是核心业务的考核，而科学评价却往往被忽略了。科学评价是比较繁杂的体系，它不仅包括核心业务的表面业绩数据，同时还包含不能以牺牲社会文明和自然环境为代价的业绩成长。比如说，以付出巨大的环境污染为代价换取 GDP 指标的完成，从短期看真金白银拿到手了，从长期看也给日后治理污染留下了繁重的任务，这不算业绩，这是祸国殃民。

三年看进步，是说支部党建 3 年左右就可以从支部党员的个体发展和进步中得出结论。这种进步，首先是党员党性修养的表现，在理论修养、政治修养、思想道德的修养以及作风纪律的修养方面，都可以列出具体的指标予以考核。再一个就是支部成员的职务升迁也是评估的标准之一，当然不能只看个别人，而是要从群体的角度来看，这种进步是可以得到外界普遍认同的。我们经常会说某一个部门单位是出干部的地方，就说明这个组织的党的建设做得好。

党建好，业务能不好吗？我一直想找到党建好业务不好的案例，但是没找到。反过来说，业务好党建就好吗？未必，业务好如果没有党建做引领和保证，很可能就会发生偏差，这样的例子就太多了。现在各级党组织都在探索制定党建的考核评估办法，越来越具有可量化和可操作性。我认为，在考核标准细则的制定上还要斟酌，一定要能在实质上体现党建的作用，防止形式化的东西出现偏差，防止出现"我们假装学习，你们假装表扬我们"的负面效应。

[链接]

党建支撑我勇挑重担[*]

2008 年，国务院在"三定"方案中正式把综合治理出生人口性别比工作给了国家人口计生委，而委党组又把这项艰巨的任务给了我们宣传教育司，并在我司增设了综合治理性别比办公室。

一天，分管委领导找我谈话，不仅让我主管这项工作，而

---

[*] 作者施春景，国家卫生计生委家庭司原巡视员。

且还让我兼任"性办"（大家都这么戏称）主任。我顿时觉得五雷轰顶，像天上一个雷打到了自己，头立刻大了。要知道，出生人口性别比连续多年持续不降反升，这么多年，这么多人的努力都降不下来，我无才无能，怎么有办法治理得好？况且国家"十二五"规划还将出生人口性别比的任务定为降至 115 以下！

　　任务重、难度大，不干又不行，我现在仍然记得接受这副重担时的情形。当时我含着眼泪硬着头皮对领导表态说："我是一个有着 30 多年党龄的老党员，没办法，只有凭着自己的党性去干。请相信我会努力，但是有一点得事先说明，如果降不下来可别打我板子。"就这样，我极不情愿地挑起了这副重担。

　　那几年，司里把综合治理出生人口性别比工作作为首要的工作任务，给"性办"配备了得力的工作人员，一有大的活动就全司动员，全员参加，大家齐心协力，分工不分家。张建同志作为司长、支部书记更是身先士卒，带领全司同志一起无条件支持我的工作，他常对我说："别怕，我们一起干，出了问题我负责。"当工作遇到难题时他比我还着急，如在国家统计局没有每年分省的出生人口性别比调查数据的情况下，如何对出生人口性别比高的重点省进行考核，这一度令我一筹莫展，考核方案迟迟拿不出来，最后是他和人口专家一起提出了一个可行的考核方案，破解了难题，从而实现了对重点省的考核，加大了党政领导和全社会综合治理的力度。

支部党建给了我信念的支撑，我逐渐树立起了完成工作任务的信心。可喜的是，在全司同志的共同努力下，在全委各司局和相关部门的支持下，在全国各级党政部门的通力协作下，出生人口性别比从2009年起实现了连续多年下降，完成了"十二五"规划降至115以下的工作目标。

NO.36
支部党建谁说了算？

党员说了算

这些年，一些国家机关的党组织请我介绍支部党建的经验，我都提出要带司里党员特别是青年党员一起去汇报交流，有的单位负责联系的同志有顾虑，主任科员怎么能给司局长们作报告呢？其实他们是担心他们的上级领导不同意。我说支部党建的效果，我一个人说恐怕不算数吧。我们的党员是支部党建的主体，那么支部党建的效果，就要由党员说了算，特别是一般党员和青年党员。如果党建由领导说了算，如果党建只是支部书记的党建，那么这个党建只能说是应景的党建，形式主义的党建。结果他们听了以后都说好，因为我们的支部党建是全体党员共建共享的，让普通党员、特别是青年党员说党建，这样的党建才有魅力，这叫魅力党建。

前面，我们的支部党建说了那么多，有这么好么？跟我们交流过的同志都说"有"，我深知那都是鼓励我们，其实兄弟部门的党建经验也让我们学到了很多。从我们和那么多的党组织交流过程中，我们看到了支部党建的丰富多彩，山外青山楼外楼，优秀支部学不够。做好支部党建的方法很多，我们只是做了我们应该做的，到底效果如何，还是要让事实说话，让时间说话，让普通党员说话。

分数规则

最后，我想送给大家一个"分数规则"。这是我40多年前记在笔记本上的一段话。这个规则是这么说的："一个人好比是一个分数，他的实际情况是分子，他给自己的评价是分母，分母越大则分数的值越小。"据说这是列夫·托尔斯泰说的。不管是谁说的，我本人很认同这种说法。40多年来，我对这个规则不断验证，屡试不爽。一个人是这样，一个单位、一个政府、一个领袖也是这样，概莫能外。我们为什么有时会蔑视一些"大人物"，尽管他的功劳贡献也不小；我们为什么会对一些小人物表示崇敬，尽管他有很多缺点，这就是分数规则在起作用。所以，一个人要想数值尽可能高一些，能不能正确估定自己的分母，就成为你这个人评价是正值还是负值的一个重要标准，在这里，小于1就算负值啦。

前两年，一次和青年干部交流，我问小王，你能给我们政府的工作打多少分？如果满分是10分的话。小王站起来说：

"9分。"我说:"有9分吗?"他说有,我说如果实际没有9分,那就小于1啦,这就算负值。他说为了保证得正值,就改口说:"那就7分吧。"我又问:"有7分吗?"他说:"难道7分都没有吗?"我说我不敢说多少分。但是有一条是肯定的,当年,毛主席领着我们进城的时候说我们是赶考,那肯定要及格了,要不然五星红旗就升不起来了。后来呢,50年代大建设大生产应该得一个高分,我就是大建设的年代出生的,所以名字叫"建"。从反右斗争以后,"大跃进"再到三年自然灾害,能打多少分?群众心中是有杆称的。学雷锋那几年真好,分数应该能打个高分。"文化大革命",能打多少分?后来改革开放一路走来,中国取得了举世瞩目的成绩,应该是很高的分,但这个分,我们自己说了是不算的,谁说了算呢?应该是人民说了算,历史说了算。

我又问旁边一位青年小刘:"你能给自己打多少分呢?"他说:"要是这样的话,我就低调点儿吧,我打4分。"我问他:"你有4分吗?""啊,我4分都没有吗?"我没有回答。我问他工作几年了,他说两年多了。我说有什么特别贡献吗?他说一般般吧。我说,一个青年干部刚参加工作,和当年的我差不多,用现实的眼光看,要说4分是很勉强的。问题是他说自己低调,4分就算低调吗?低调这个词是不能自己说的。低调是他人对一个人实际高于自我评价的称誉,看起来自己看自己还真不太准。有一次,我在北京街头看到一辆小车后挡风玻璃上有一个车贴，上面写着赫然醒目的两个大字"低调"，看得我直想笑，这哪是低调啊？恨不得让满街人都看着他呢。自己是不能说自己低调的。

我们政府的公务员，辛辛苦苦做了那么多工作，常常"5+2""白加黑"，薪酬也不高，还经常要被诟病，为什么呢？我认为就是"分数规则"在起作用。比如我们的实际情况有 8 分，往往要说成 9 分甚或 10 分，结果分值就是负数了。我们的工作还存在很多问题，还有很多老百姓不满意的地方。分母大了，分数的值就小了，老百姓就不满意，就这么简单。

我们的工作做得怎么样，自己说了不算，人民说了算。

我们支部党建搞得怎么样，书记说了不算，党员说了算。

当然，最终还是历史说了算。

[链接]

宣教司党建让我如沐春风[*]

在宣教司工作的两年多中，我所取得的每一次成功都有着党建工作的支撑。它通过项目运作，把平时的工作和党的建设有机结合起来。又像一根线，把许多颗分散的珍珠般的活动串起来，增强了集体的凝聚力，又逐步树立了共享的核心价值理

---

[*] 作者姜雯，国家卫生计生委宣传司宣传处处长。

245

念。《共享笔记》的诞生，就是我司党建活动的又一创新，它让长期习惯于快餐文化的我们有机会放慢脚步，沉下心来，思索、学习和提高。

世情、国情、党情的深刻变化对党的建设提出了新的要求，因此要勇于变革、勇于创新，永不僵化、永不停滞，同时，也对每位党员提出了不断学习、善于学习的要求。对照宣教司的党建工作，它在提高党员的队伍素质水平、增强党内民主，巩固和加强党的基层组织建设，推动发展，服务群众，凝聚人心，促进和谐，反对腐败和不正之风方面发挥了重要的作用。而且它的外化形式不是枯燥无味的说教，没有刻板的教条，不再虚无缥缈，它激发我们的热情，创新我们的想法。它犹如拂面的春风，焕发生机和活力；又如一阵春雨，滋润我们的心田。在党建的这片沃土中成长起来的我是幸运的。

[链接]

给同志们的一封信*

各位领导、同事们：

有些话在心底已经酝酿许多时日了。在奔赴新疆挂职锻炼之前，我写下这封信，向领导和同事倾诉一些想说给大家听

———————

* 作者顾法明，中华医学会纪委书记。

的话。

转眼之间，我到国家人口计生委宣教司工作已经27年了，应该是目前在宣教司工作时间最长的一位同志。这些年来，作为一名共产党员、国家机关公务员，虽然没有取得惊天动地的成就，但还是尽最大努力做了一些具体事。特别是近年来，我司支部党建工作，围绕中心，服务大局，充分发挥党员的主体作用，为大家搭建提高能力、展示自我的舞台。在"听说读写练"的全方位锻炼中，同志们都取得了显著的进步，我由衷地为这个团队和大家高兴。自己也在事业发展和团队建设中，不断实现着自我的完善与新突破。

作为宣教司宣教处处长，我参与的婚育新风进万家活动、新农村新家庭计划、党政干部人口理论教育以及联合国人口基金社会性别平等促进项目等，工作不断发展，婚育新风进万家活动进入第四阶段，示范市扩大到84个，覆盖3亿多人口，新型家庭人口文化理论建设与实践探索正在推进。

从国家信访局挂职归来之后，我就服从组织安排，承担新农村新家庭计划的组织协调工作。3年来，我将自己全部心血倾注于这一工作中。为了进一步了解藏区工作实际和群众需求，到目前为止，我七进藏区实地调研、参加会议和组织宣传服务活动。我们还开发文图音像宣传品，开发出汉、藏双语宣传品和图书，建设新家庭文化屋；为了提高藏区群众的生殖健康服务管理水平，我们举办多期基层人口计生干部能力建设培训班。新农村新家庭计划进一步坚定了我"全心全意为人民服务"的信念，提高了我做好群众工作的能力和水平，磨练了我的意志。在工作取得成绩时，领导和同事总是给予充分的肯定和鼓励；在我遇到困难挫折时，大家总是给予无私的支持和帮助，让我获益匪浅，受用终身。从内心来讲，我衷心地感谢大家！

最后，祝愿领导和同志们身体健康，工作顺利，万事如意！此致！

2011 年 8 月 18 日

[链接]

聚是一团火，散作满天星*

2013 年 5 月 14 日，宣教司党支部第 215 次司例会，这也是这个支部的最后一次学习例会——卫生部和国家人口计生委撤并为国家卫生计生委，在重新组建司局的过程中必然面对的就是解散、分别。这是一个难忘的日子，大家依依不舍，挥泪相拥。那天夜里，我在司里第 8 本《共享笔记》上写下了最后一篇心声：

知道这一天会来，没想到来得这么快。

---

* 作者施春景，国家卫生计生委家庭司原巡视员。

人生就像是一列火车，在她前行的征程中，不断地会有到站、停车、再出发。每一站，都会有下车的乘客，同时又会上来一批新旅客。到站、停车、再出发，是暂时的休整，也是加油加水的必须；是生命长河中的一个转折，更是继续前行的动力。而每一次上上下下的旅客，不就是我们工作中陆续相遇而又分别的同事吗？月有阴晴圆缺，人有悲欢离合。在我们人生列车的前进中，或有暂停，或有转折；或有顺利，或有艰难，只有一样不变，这就是向着我们既定的目标，前进，前进！

前面有更美好的明天，前面有更辉煌的前程。可是，我们难以忘记那曾经走过的昨天，难以忘记那一批批、一群群、一个个与我们朝夕相处、肝胆相照的旅伴，难以忘记他们所给予我们心灵的温暖，难以忘记他们鲜活的面容。

我的宣教司，10年，她在人类长河中很短，可在我人生列车的行程中，又很长。到我该下车的这一站了，尽管心存千万个不舍，还是得下，因为，另一列列车在等待着我，必须走了。

挥手告别之际，我不想说再见。我想感谢，感谢张建同志，感谢每一位曾给我支持帮助关心关照的同志们。此时此刻，语言是苍白的，无力的，任何话语都无法表达我的心情。我想祝福，祝福大家事事如意，心想事成，在今后的道路上能够活得有滋有味，活出精彩人生。

"聚是一团火，散作满天星。"这句话是宣教司最后一次司例会上全司同志共说的名言。这些年，宣教司这"一团火"照亮了机关党建的礼堂，也温暖了我们每名党员的心。如今，要散了，我们要变成满天繁星，在各自未来的岗位上发光发亮，照亮自己，温暖他人。

亲爱的朋友们，也许明天，在浩瀚的夜空中，有一颗星星在向你眨眼，不要忘记，那就是我。那是我在向你招手致意，那是我在为你祈祷祝福：祝爱我和我爱的人健康顺意！

祝好人一生平安！

后　记

　　本书仅是一个机关支部的实践和思考。原国家人口计生委宣教司的同志们参与了本书的编写，每人从各个不同的角度讲述了参与支部党建的故事，体现了党员是支部党建主体的理念。原宣教司党支部的支委们组成本书的编委会，对本书的编写起到了核心作用。作为支部书记，我说得比较多，但肯定是不全面和不完善的，还望同志们给予批评指正。

　　任何一个组织都不会十全十美，宣教司党支部的党建工作同样如此。本书唯一可以确定的，就是其中所叙述的事例都是真实的，绝无半点虚假之处。

　　成书的过程，也是不断反省自己的过程。回望那段岁月，深感自己还有诸多不足，比如说在工作上缺乏长远的规划，又比如我对挂职在外的同志关心不够，给我留下了诸多遗憾。借此机会感谢全司同志对我工作支持的同时，不足之处也请大家见谅。

　　在编辑出版本书的过程中，得到人民出版社编辑薛晴同志、徐源同志的大力帮助，在此致以衷心的感谢！

欢迎读者随时联系我们，我的邮箱地址：jgxw36ji@163.com。知识星球：张建机关课堂。

张　建

2017 年 3 月 28 日

责任编辑：薛　晴

文字编辑：徐　源

责任校对：胡　佳

封面设计：石笑梦

版式设计：杜维伟

图书在版编目（CIP）数据

机关支部党建 36 问 / 张建 编著 . — 北京：人民出版社，2017.5（2025.9 重印）

ISBN 978 - 7 - 01 - 017658 - 1

I.①机… II.①张… III.①中国共产党 - 国家行政 - 机关 - 党的建设 - 问题解答

　IV.① D267.5-44

中国版本图书馆 CIP 数据核字（2017）第 085852 号

机关支部党建 36 问

JIGUAN ZHIBU DANGJIAN 36 WEN

张　建 编著

人民出版社 出版发行

（100706　北京市东城区隆福寺街 99 号）

北京汇林印务有限公司印刷　新华书店经销

2017 年 5 月第 1 版　2025 年 9 月北京第 11 次印刷

开本：710 毫米 × 1000 毫米 1/16　印张：16.75

字数：156 千字

ISBN 978 - 7 - 01 - 017658 - 1　定价：69.00 元

邮购地址 100706　北京市东城区隆福寺街 99 号

人民东方图书销售中心　电话（010）65250042　65289539